本物のコンサルを選ぶ技術

「期待と違った」はなぜ起こるのか？

元ボストン コンサルティング グループ代表
ドリームインキュベータ創業者
堀 紘一
KOICHI HORI

元ボストン コンサルティング グループ
コンサルタント
津田久資
HISASHI TSUDA

CROSSMEDIA PUBLISHING

はじめに

堀紘一

いま大学生の就職人気ナンバー1は、コンサルタントだそうだ。じつに隔世の感があるのは、私がコンサルタントを始めた44年前は、コンサルタントなどと言っても、ほとんどの人がその存在すら知らず、コンサルタントという単語の意味も知らない時代だった。

それがいまや学生たちのあこがれの職業だというのだから、時代も変わったものだ。

コンサルティングの市場規模も、年々拡大している。同時にサービスの幅も、かつてとは比べ物にならないくらいに広がっている。

かつてコンサルティング・ファームと言えば、私がいたボストン コンサルティング グループ（以下BCG）やマッキンゼー・アンド・カンパニー、ベイン・アンド・カンパニーのような戦略系と呼ばれるコンサルティング・ファームが中心だった。戦略立案のような経営のいわば中核のコンサルティングを行うものだ。

それに対して、業務改善や実行支援、ＩＴシステムの開発と運用まで幅広く支援する総合系コンサルティング・ファームが登場してきた。近年、急成長しているアクセンチュアや、会計系４大コンサルと呼ばれるデロイトトーマツコンサルティングやＰｗＣコンサルティングといった会社だ。

また、国内系のコンサルティング・ファームも躍進している。私が設立したドリームインキュベータも、投資会社から最近再びコンサルティング業に回帰した。その他、ベイカレント・コンサルティングやシグマクシス、クニエ、リブ・コンサルティングや船井総合研究所なども、相変わらず頑張っている。

これら国内系の躍進と同時に、最近のＩＴ関連とくにＤＸ（デジタル・トランスフォーメーション）の流れの中で、いわゆるベンダー系と呼ばれていたところが、コンサルティング業務を始めるケースが目立ってきた。富士通やＮＴＴデータなどがそれにあたる。

その他、伊藤忠商事といった異業種からの参入例もある。野村総合研究所、三菱総合研究所などシンクタンク系が業界大手でもある。

このように、いまやコンサルティング業界は百花繚乱、さまざまな領域でコンサルタントが入り乱れている状態だ。

コンサルティング全盛の時代になって、各社の競争は熾烈になってきている。シェアを拡大すべくさまざまな商品、サービスが生まれ、さらに価格破壊的な状況も起きている。

かつてコンサルタントを雇う会社というのは、一部の大手企業が中心だったが、いまやさまざまな企業が、**以前に比べてはるかに手軽にコンサルタントを雇う時代になった。**社会の認知度も上がり、そこから学生たちの就職先として、人気も高まったのだと思う。

7年後には1人しか生き残れない世界

企業経営は奥が深い。厳しい競争を勝ち抜き、利益を上げ成長するためには、どんな商品をどうやって生み出し、誰に対してどのように売るか？　確固とした経営の指針や戦略がなければならない。

それに基づいて会社の組織や体制をどう整えるか？　生産現場をどう確保し、どう稼働させるか？　さまざまな業務全般の管理と運営が行われる。

やるべきことは、じつに膨大だ。その中で最も重要な問題や課題を見出し、どう対応していくか？　正解を模索するのが経営というものだ。そして、**それをサポートするのがコンサルティングという仕事である。**

とくに戦略系と呼ばれるコンサルティングは、会社の命運を左右する仕事だけに、生半可な知識や情報、実力では務まらない。自分よりもはるかに年長の社長や役員と伍して議論し、ときには相手を説き伏せてこちらの意見を通さねばならない。

そのために、徹底的に経営について学んでおく必要がある。

私の場合は当時勤めていた三菱商事の社内試験に合格し、アメリカのボストンにあるハーバード・ビジネス・スクール（ハーバードの経営大学院）に入学して学ぶ機会を頂いた。

そこでの勉強は、予想をはるかに超えてハードなものだった。勉強は決して不得手ではなかったが、毎日膨大な資料や本を読み込み、早口でまくし立てる英語を理解し、とにかく授業について行かねばならない。それは本当に必死だった。

そして2年の月日が経って卒業となったとき、気がつくと私は「ベイカー・スカラー(Baker Scholar)」と呼ばれる、上位2％の成績優秀者となっていた。ハーバードの300年近い歴史の中で、日本人初のことだった。

その後、三菱商事を辞めてボストン コンサルティング グループに入社することになった。いまでこそ4大戦略コンサルティング・ファームとして名前が知られているが、当時はコンサルティング自体が、とくに日本では知られていなかった。

「三菱商事を辞めて、よくそんな訳のわからない会社に行くな?」と、同僚たちからも不思議がられたものだ。ただし、私からするとBCGこそ、自分の実力を試すことができる会社だと考えた。

ところがここに入ってからが、さらに大変だった。当時コンサルタントというのは、各大学の選りすぐりの成績優秀者ばかりが集まってくる。天才肌で職人気質の人間が多く、社員教育で下の人間を教えるような空気はどこにもなかった。

とにかく現場に飛び込まされ、実地で上の人たちから仕事の仕方を盗み取らねばならない。

毎日毎日残業し、必死で仕事をしながら学ぶ。それでも3年後には半分が脱落し、7年後には7人中6人が脱落し、たった1人しか残らない。それが当時のコンサルタントの世界だったし、それはいまも変わらない。

私はそんな中で揉まれながら、何とか生き残り、BCGの日本支社の社長を任されることになった。

現場に行けば本当のことがわかる

私はハーバードやBCGでも多くのことを学ばせてもらったが、それ以上に実地を通して企業から学ばせてもらった。

ホンダ(本田技研工業)で当時四輪の研究所の所長を務め、後の社長になった川本信彦さんからは、現場の大事さを徹底的に教わった。

「俺は時間があれば販売店に行くんだ。なぜかわかるか? 自分の素性を隠して行くから、俺が研究所の所長だなんて思いもしない。だから販売店のオヤジは『こんな売れない車を作りやがって！　ここがダメだから売れないんだ！』と俺に教えてくれる。**現場に行けば本当のことがわかるんだ**」

川本さんは現場主義を貫いた人だった。その川本さんと一緒に仕事をしながら、私も薫陶を受けた。理屈や理論は大事だが、それを超えた「現実」がつねに現場にはある。それを肌で知るということが、コンサルティングにも大事なことなのだ。

このようなことはハーバードでもＢＣＧでも教えてくれない。コンサルティングを引き受けている日本の企業から教わったのだ。

コンサルタントが企業に一方的に経営を教えると思ったら間違いだ。むしろ企業から学ぶ方が多いと思っている。

そうやって学ばせてもらっている企業に恩返しする意味でも、私は必死になってコンサルティングをしたという思いがある。

経営者も役員も、現場の所長も皆それぞれに真剣で必死だから、私もそれに影響されて真剣に、必死にコンサルティングをする。

会社を少しでも良くしたい――。そんな気持ちが心底から沸き上がってくるのだ。そしてさまざまな障害や問題を乗り超えて、コンサルティングがうまく行き、結果が出たときの喜びはとても大きい。しかも売り上げが1億や10億どころか、数百億や数千億などという、とてつもない数字になることもある。

仕事はハードであることこの上ないが、やりがいのある仕事がコンサルタントという仕事だとつくづく思う。

コンサルティングが本来の価値と力を失っている

ずいぶん昔話をしてしまったようだ。過去を振り返り出すと年寄りの証拠だというが、私もそのパターンに陥ったのだろうか?

ただ、あえて私が過去の話をしたのは理由がある。

それはいまコンサルティングが注目され、コンサルタントの数も仕事も増える一方で、**皮肉なことにコンサルティング自体が、本来の価値と力を失っているのではないかと考えている**からだ。

時代が大きく変わり、コンサルティングに対する需要がかつてとは比べ物にならないほど増えた。それ自体は、コンサルタントの黎明期を生きてきた私からしたら、喜ばねばならないことだと思う。

ただし、聞くところによると、その中で**企業とコンサルタントのミスマッチもまた多くなっている**という。お金を出してコンサルタントを雇っても、思ったような成果が上がらない。それどころか、むしろ会社が混乱してパフォーマンスを落としてしまった、というような話も聞く。

いまやさまざまな形態のコンサルタントが誕生している。昔の尺度だけでは一概に決めつけられないのは重々承知だ。だが、どうやら本来の実力があるとは思えないような人物が、コンサルタントとして大手を振って仕事をしているということがあるように思う。

これだけコンサルティング会社が増え、コンサルタントの絶対数が増えれば、その中で当然のごとく玉石混交が生じるだろう。

本物のコンサルタントとは？　本当に価値のあるコンサルティングとは？

いまこそ原点に戻ってそれを見極めなければならない時代に来ていると思う。
それは同時にコンサルティングする側だけでなく、それを受ける側、すなわち企業の問題としても跳ね返ってくる。

あまりに安易にコンサルタントに頼りすぎている部分はないだろうか？

かつて私が駆け出しの頃、私自身が企業の人たちからさまざまなことを学んだ。いまの企業に果たしてコンサルタントを育てるくらいの真剣な姿勢や必死さがあるだろうか？　どうもそれも怪しい部分があるように思う。

時代が変わったいま、どこまで私の話が役に立つかどうかはわからない。しかし、少なくとも日本のコンサルタントの草分けの一人として、いまこそ残しておくべき言葉がある。そう考えて、本書をまとめてみようと考えた。

なお、本書はボストン コンサルティング グループ時代の仲間である津田久資さんとの共著である。最近のコンサル事情など私に足りないところを指摘してもらい、議論しながら作り上げた。

皆さんのお役に少しでも立てることができれば幸甚である。

津田久資

私は現在August-aという会社の代表として、企業コンサルティングや人材育成ビジネスに関わっています。

大学を出て最初に勤めたのは広告代理店の博報堂でしたが、そこからボストン コンサルティング グループ(BCG)に転職しました。

堀紘一さんと一緒に仕事をしたのは、資生堂の仕事が最初だったと思います。私の年齢は堀さんよりもずっと下ですが、先輩、後輩として、現在に至るまで親しくさせてもらっています。

コンサルタントには「考える力」が必要

コンサル界のレジェンドである堀さんが、なぜ共著の相手に私を選んだのか? その理由を紐解くために、少々私の経歴を紹介させてください。

そもそも私がコンサルタントを志したのは、大学を卒業して入った博報堂を休職して、自費でカリフォルニア大学バークレー校の経営大学院（ＭＢＡ）に留学した頃のことです。

同校を選んだのは、年間を通して温暖な地中海性気候であるサンフランシスコに学校があることと、自費留学の私にとって公立校である同校の学費の安さが魅力的だったこと。そして何よりも、同校が全米のＭＢＡランキングで概ねトップテンに入るような難関校であることが理由でした。

ＢＣＧなど著名コンサルティングファームに入るには、それ相応のランキングの学校でないと面接すら受けることができませんでした。

私は留学を決めた時点で、「卒業後はコンサルティングファームに移る」とうすうす決めていたため、全米に当時８００ほどあったＭＢＡコースのどこでもよいというわけにはいかなかったのです。

難関校に入るにはＴＯＥＦＬという英語の試験や、数学力や論理的思考力が試されるＧＭＡＴという試験で高得点を取らなければなりません。私は博報堂でとくに英語を使う仕事をしていたわけではなく、帰国子女でもなかったので、合格基準をクリアするために相当の苦労をした覚えがあります。

苦労の甲斐あって同校に入った初年度に、ＢＣＧのマネージャーの方が、学校のあるサンフランシスコまでリクルーティングにやって来られました。経営学の世界で有名なＢＣＧのマネージャーのお話が聞けるとあって、我々の学年とその上の学年のあわせて20名くらいが出席したと思います。

マネージャーのお一人は三菱商事からＭＩＴでＭＢＡを取得して転職したＳさん、もうお一人は新日鉄からスタンフォードで学んだＭさんで、この方は後にＢＣＧの共同代表になりました。二人とも話が上手で、食事をしながら4時間くらい話をしたでしょうか。お二人の話の中で、いまだに記憶にあるのは次の2点です。

1　コンサルティングファームは概ね2つに分類することができる。「マッキンゼーおよびＢＣＧ」と、「それ以外」である。前者は「**考え出したアイデア**」をクライアントに提供し、後者は「**知識**」を提供する。

2　コンサルタントに一番必要な資質は、優秀なビジネスマンに必要な資質とほぼ同じ。それは**「考える力」**だ。

コンサルタントやビジネスマンに必要な資質が「考える力」だというと、「それはそうだろう」とか「わざわざ特筆するほどのことか」という人が多いかもしれません。しかし私は、**本当の意味で「考える」ということを理解している人は残念ながら少ない**と考えています。

何を隠そう私自身も、当時はこの言葉の真意を完全には理解できていなかった気がします。

多くの人が「考える」ということを誤解している

真意を理解できる人が少ないと言えるのは、私がコンサルタントの道を選んで以降、論理思考や戦略思考など「考える」ことと長く向き合い続けてきたからでしょう。

ＢＣＧを辞めた後、私はさまざまな仕事をしてきました。時期によって、取り組んできた仕事は違いますが、ビジネスマンやコンサルタントに対する「思考のトレーニング」はずっと続けてきました。コンサルティング会社や、大手企業の人材開発プログラムにおいて、「考える力」を身につけるためのトレーニングに携わってきたのです。

その中で私が感じているのは、**世間では優秀だと思われているコンサルタントや一流企業のビジネスマンでさえも、考える力が圧倒的に足りていない**という事実です。

考える力が足りないのは、前述したように、そもそも「考える」とはどういうことなのかを理解していないからです。ですから、**自分では考えているつもりでも、その実何も考えていない。**そういう人が本当に多いのです。

私のトレーニングを受ける前は、多くの人が「いや、自分はつねに考えていますよ。考えるのが仕事ですから」と勘違いしています。そこで、「1日にどれぐらいの時間考えていますか?」と聞くと、「5時間ぐらいは」とか「寝ている時間以外はつねに考えています」などと平気で答える人がたくさんいます。

しかしトレーニングの中で「考える」ということの本質を理解してもらうと、多くの人が「せいぜい15分ぐらいしか考えていませんでした」と答えるようになるのです。

このように、コンサルタントも、それを使うクライアントである企業側のビジネスマンも、どちらも「考える」ことの本質をよくわかっていません。

本質がわからないまま、コンサルタントの多くは**理論やフレームワークなどの「知識」を詰め込み、それを利用しています。**それを「考える」ことだと思い込んでいるのです。

大学受験ならそれでもある程度は通用しますが、ビジネスの世界というのは数学とは違って普遍性がある理論はほとんど存在しません。

だからコンサルの実務においては、その都度、ビジネスに適した理論をつくれないといけないわけです。「知識」ではなく「考え出したアイデア」をクライアントに提供しなければなりません。でもなかなかできる人はおらず、他人がつくった理論やフレームワークを使い回しているのです。

もちろん、コンサルとして戦略論などの理論をおさえておくことは大事なことです。

しかしクライアント企業の数だけ問題や課題はあるわけですから、**既存の理論やフ**

レームワークを当てはめるだけでは対応できない場合が圧倒的に多いのです。

クライアントであるビジネスマンも同様に、考えることの本質を理解していないので、コンサルが理論や公式を振りかざすと、それを当然として、一旦はすんなりと受け入れてしまう。**その理論が、自社の問題解決に役立つかどうかをほとんど考えていません。**

クライアント側にも責任があるとはいえ、こんな状態ではコンサルがクライアントを満足させるような成果を出せないのは当然です。その結果、「高いお金を払っているのにこのざまは何だ」とコンサルタントに対して不信感を持つ企業が増えているわけです。

堀さんが指摘するクライアントとコンサルのミスマッチの裏側には、本人は考えているつもりでも、実際には考えることができていないというクライアントとコンサルの双方の問題があるのではないか——。私はもう何年も前からこの仮説を抱え持っていたのです。

大きく打てば大きく響くコンサルを選ぶ

コンサルティングのニーズが強まり、コンサルティングファームを標榜する会社が増えている昨今、仮説の傾向はますます強まっていると思われます。そうなると玉石混交の中から力のあるコンサルタントを選ぶ眼をもつことが、より必要になるのは確かでしょう。

そこへ今回、堀さんから「共著で本を書かないか」というお話をいただきました。「コンサルを選ぶ技術」というテーマを聞いた瞬間、「私がそうした仮説をもっていることを堀さんはご存じであり、それは堀さんの考えに近いのでお声がけ頂いたのだ」と感じました。これが冒頭に書いた「堀さんが、なぜ共著の相手に私を選んだのか?」に対する答えです。

私の推測が当たっていたと確信したのは、最初の打ち合わせの際です。堀さんが「**本当に大事なのは、コンサルに頼らず、自分の頭で考えることだ**」と繰り返し述べられたからです。

本書のテーマである「コンサルを選ぶこと」と、堀さんが大事だという「コンサルに頼らず自分で考えること」は一見正反対のことのように思えるかもしれません。自分で考えられないから、コンサルをしっかり選びたいはずなのですから。

しかし、私は**この2つは表裏の関係にある**と思いました。すなわち、自分の頭で考えることができるようになれば、自ずと実力のあるコンサルタントを選ぶことができるようになるはずだ、と。

自分に考える力があるから、コンサルに考える力があるかどうかもわかるのです。

幕末の志士、坂本龍馬は西郷隆盛に初めて会った後に、こんな西郷評を漏らしたといいます。

「西郷という人は小さく打てば小さく響き、大きく打てば大きく響く」

まさにコンサルタントとクライアントの関係も、これと同じではないでしょうか。

コンサルタントに大きく響いてもらうためには、まずはクライアント側が大きく打たなければなりません。そのためには、クライアントが考える力を身につける必要があります。そういう内容であれば私でもお役に立てると思い、共著の話をお受けすることにしたのです。

本書では、まずは堀さんに豊富な経験をたっぷり語ってもらって、それを私が「考える」という視点から、話をまとめたり、深めたり広げたりするという形になっています（ただし、堀さんのお話のスケールが大きすぎて、私では処理しきれない部分もあるかもしれませんが、そこはご容赦頂けたらと思います）。

もちろん、本物のコンサルタントに必要な素養は「考える力」だけではありません。本書では堀さんの豊富な経験に裏打ちされたコンサルタントとしてのあり方、振る舞い方も存分に披露されています。これも本物のコンサルタントを選ぶ際に非常に有用であることは言うまでもありません。

ぜひ本書を読んで、大きく打てば大きく響く本物のコンサルタントを選んでほしいと切に願っています。

本物のコンサルを選ぶ技術　目次

第1章
Chapter 01

企業とコンサルのミスマッチはなぜ起こるのか？

第2章

Chapter 02

コンサルティングは本当に役に立つのか？

第3章

Chapter 03

企業を変えるコンサルタント7つの条件

第4章

Chapter 04

ひと目でコンサルの実力を見抜く方法

第5章
Chapter 05

コンサルタントとの賢いつき合い方

第１章

Chapter 01

企業とコンサルのミスマッチはなぜ起こるのか？

コンサルタントの年収がたった500万円?

「はじめに」でも触れたように、いまや巷には外資系の戦略コンサルティングをはじめ、総合系、IT系、会計系などたくさんのコンサルティング会社で溢れている。

びっくりしたのは、ある国内系のコンサルタント募集で年収が500万円とか800万円という提示をしていたことだ。

ちなみに、私がボストン コンサルティング グループ(BCG)に入った最初の年収、つまり初任給が1500万円。いまから45年前のことだ。45年たった現在、物価が何倍にもなっているのにコンサルタントの年収が500万円など、考えられない数字である。

いったいどんなコンサルティングを行っているのか? そして、いくらくらい企業から報酬を得ているのか? **コンサルタントにこんな年収しか払えないようであれば、おそらくコンサルタント料も推して知るべしだろう。**

どんな商品にも、相場というものがある。

たとえばラーメンの値段であれば、店でおいしいラーメンを食べるとなるとどんなに安くても600円、ふつうは1000円近くはする。300円のラーメンはあるが、味は期待できない。

とくに戦略系のコンサルティングというものを考えたとき、最低でも7000万円から8000万円は払わなければ、まっとうなコンサルタントは雇えないと考えるべきだ。ふつうなら億、大きな案件なら10億を超える。

戦略系コンサルティングとは、すでに話したように、企業経営の基本的な方針や方向性をマネジメントする仕事だ。当然、会社の命運を直接左右する。

コンサルティングがうまくはまれば、会社は一気に成長することもある。大きな会社であれば何百億円、何千億円の売り上げや利益を上げる可能性だってある。

そんな結果をもたらしうる戦略系コンサルティングだからこそ、企業は相応の報酬を支払う。

一方、それだけの期待を担って雇われるコンサルタントは、企業経営に関するあらゆる理論と実践に精通し、**会社のさまざまな問題に対して解決策を提示できなければならない。**そのためには、まず膨大な知識と情報、そして経験値が必要になる。

それだけではない。その企業にとって何が一番の問題であり課題なのか？　**まだ誰も意識化できていないところに光を当てる力が求められる。**それには知識や情報だけでなく、ある種のクリエイティビティが不可欠な要素となる。

つまりコンサルタントは学者のような知識と情報を持ち、さらに職人のような現場感覚とそれに基づく経験値を持ち、その上で芸術家のようなクリエイティビティが要求される仕事なのだ。

そういう力を身につけるには、大変な勉強と努力と、そして持って生まれた才能が必要だ。1人の優れた戦略系コンサルタントが誕生するためには、お金も時間も労力も、大変なコストがかかっているわけだ。

そんなコンサルタントの年収がわずか数百万ではおかしいし、彼らによるコンサルティングが数千万円に満たないはずがない。

もしそんなコンサルがいたら、**それはまがい物のコンサル**だということだ。

残念ながら、コンサル全盛の時代という言葉とは裏腹に、安かろう、悪かろうのコンサルタントもまた溢れている時代だと思う。

少数精鋭から玉石混交へ

その一つの現れが、コンサルタントの数の多さだ。私がＢＣＧの日本支社にいた頃は、社員は多いときで50人。いわゆる少数精鋭だった。ところがこの前聞いてびっくりしたのだが、いまや１０００人を超えているそうだ。

残念ながら、コンサルタントの質はその分落ちていると言わざるをえない。

昔はよかったというような話はしたくない。けれど、私たちの若い頃はそれこそハーバードのような一流の大学でも、とくに優秀な成績の人間を採用して猛特訓する。もともと頭はいいし、一生懸命勉強する人たちだ。毎日深夜まで仕事をして、出てこなくていいのに、土日も出勤して仕事をし、研鑽を積む。

それで7年後どうなるか？　7人いたうちの6人は脱落して、生き残るのは1人だけ。そういう異常なほど厳しい世界だった。当然、残った人間はコンサルタントとして、どこに出しても恥ずかしくない貴重な人材だ。

膨大なコストをかけて採用し、教育して、結局ほとんどが辞めていく。だからコンサルティング会社としてはコンサルティング料にもそのコスト分を上乗せしないと経営が成り立たない。**安かろう、悪かろうのコンサルティングなど、生まれる余地がないわけだ。**

ところが昨今は、戦略系コンサルだけでなく、総合系、会計系と呼ばれるコンサルなどがあり、いずれも桁違いに社員が多い。某総合系の大手などは2万人を超えているそうだ。

もちろん、中には優秀なコンサルタントもいるだろうが、すそ野が広がっている分、玉石混交でピンからキリまでいて、「石」や「キリ」のコンサルタントも多いということだろう。

安かろう、悪かろう——コンサルの俗化現象が始まった

聞くところによると、コンサルティング会社全体が、かつては扱わなかった業務の細々とした部分にまで、コンサルティングの網を広げているらしい。

大勢のコンサルタントを抱えて経営を成り立たせていくためには、新たに仕事を作り出していく必要がある。その中で、薄利多売でも売り上げを伸ばしていくということなのだと思う。

世の中の流れに引っ張られるように、戦略系コンサルもかつての少数精鋭主義を断念し、社員増に伴って薄利多売の方向へと舵を切っているというのが現状だろう。

「コンサルタントの俗化現象」と言ってもいいかもしれない。

俗化現象によって、企業は企業で、以前よりも安易にコンサルに依頼する傾向が強くなっているように思う。

ひと昔前のように、社運をかけて戦略系コンサルタントを雇うのではない。ちょっとした業務改善と社員教育まで含めた、お手軽なコンサルタンティングを求めて、総

合系やＩＴ系などのコンサルタントを雇う。
もはやコンサルタントという同じ呼称でも、かつてのコンサルタントとは求める能力やスキル、イメージも変わってきているということだ。

私がコンサルタントになった頃は、日本ではコンサルティングという考え方は、まだ一般的ではなかった。

まして企業経営の戦略的な部分は経営者が考えることであり、**それを外部に委託したり、サポートを求めるということはあり得ない**と考えられていた。

そういう時代から見れば、日本の企業の意識もずいぶん変わったし、コンサルタントとしては基本的にはありがたい話だ。

ただし、どうも今度は逆の方向に振れすぎてしまったようだ。安かろう、悪かろうのコンサルティングが蔓延し、結果としてコンサルティング全体のレベルが落ちている。一方で企業側も、あまりに無作為にコンサルタントに依存するために、自らの頭で考え、判断する力が落ちているようにも見える。

あまりにもコンサルの俗化が進みすぎて、さまざまな問題があちこちで生じているようだ。

安易にコストカットを唱えるべきではない

コンサルが巷に溢れることで起きていることが、**クライアントとコンサルタントのミスマッチの問題**だ。

コンサルタントを雇ってみたが、思うように成果が出ない。次々にコンサルタントを変えてみても結果は同じどころか、かえって会社自体が方向性を見失い、組織がガタガタになってしまった……。笑うに笑えない事態が起きている。

先ほどから話しているコンサルタントの質の低下が、まずは一番の原因だろう。

明らかに能力の足りないコンサルタントが、企業の現状分析も満足にできないまま、誤ったコンサルティングをしてしまうというケースだ。

やたらとコストカットや人員削減を勧めるコンサルタントがいる。なぜならコストカットが一番数字という形になって、結果が見えやすいからだ。ただし、安易な成果を求めた代償は大きい、ということも知っておくべきだろう。

企業業績を上向かせるには、2つしか方法はない。1つはコストカットであり、もう1つが売り上げを伸ばして利益を増やすことだ。

ただし、私の持論だが、**コンサルタントとして安易にコストカットを唱えるべきではない**。

コストカットはもちろん重要なことではあるが、最も安直な解決策でもある。マニュアルに沿ってやれば、誰でもコストカットは可能なのだ。

それよりも、いかに売り上げを伸ばし利益を増やすかに、コンサルタントの本来のオリジナリティやクリエイティビティ、すなわち腕の見せ所があると考えている。

会社をじっくりと分析すると、人材育成に決定的な問題があることがわかったりする。ところがむやみに**コストダウンを主張するコンサルタントは、その本質的な問題を見逃してしまいがちだ**。

短期的には、コストカットによって財務的な数字は良くなるかもしれない。しかし本質的な問題は解決されていないので、また同じような状況に陥ってしまう。

それればかりか、強引なコストカットによって社内の組織がガタガタになり、経営陣と社員の間に大きな溝が生まれてしまうことがある。コンサルタントを雇って会社がダメになる最悪のパターンの1つだ。

こういうことが実際に起きると、その会社の経営陣から社員まで、**コンサルティングというものに対して強い不信感やトラウマを抱いてしまう**ことになる。

コンサル全盛時代と言われながら、いまほどコンサルティングやコンサルタントに対して懐疑的になっている時代もないのではないか? これは企業も、そしてコンサル会社にとっても、互いに不幸なことだと言わざるを得ない。

こんなコンサルが会社を潰す!

本書の大きな目的は、コンサルタントを雇う側の意識を高め、実力のある本物のコンサルタントと見せかけだけの偽物のコンサルタントを見極めること。それによってクライアントとコンサルタントのミスマッチを少なくすることである。

その意味で、まずは巷に溢れる質の悪いコンサルタントの特徴を知っておく必要があるだろう。

その特徴は、先ほどのやたらとコストカットを勧めること以外に、以下の3つが考えられる。

①知識や理論を振り回し、それに当てはめた見方や考え方しかしない
②コミュニケーション力に問題があり、場の空気を読めない
③上から目線で教えることが、コンサルティングだと考えている

以下で、この3つを簡単に説明していこう。

会社を潰すコンサルの特徴①

知識や理論を振り回し、それに当てはめた見方や考え方しかしない

質の悪いコンサルタントの典型的なパターンとして、やたらと**公式や理論を振りかざす**というのがある。

コンサルタントとして経営戦略理論や組織論など、さまざまな理論に明るいのは当たり前のことだ。大事なことはそれらの理論や公式を踏まえて、クライアントの経営状況を正確に捉え分析し、どこにどんな問題が潜んでいるかを発見することである。

ところが、その理論と公式を振りかざし、無理やりその理屈の中に会社の状況を当てはめて、持論を展開するコンサルタントが少なくない。

そういうコンサルタントは、**理論に合わない例外的な事象があったとしても、それを意図的に無視したり、あるいは気づかないでスルーしてしまう。**じつは、会社の課題や改善点はその**「例外」から発見されることが多い**のに、だ。

小売りの世界では通常、店舗の規模が大きいほど利益率が高くなる。ところが調べてみると、店舗が小さいのにやたらと利益を上げているところがあったりする。本来の理論にはそぐわないレアケースだからといって、このポイントを見逃すのはコンサルタント失格だ。

なんで違っているのか？　この**「違和感」**に反応して店舗に足を運んで店長の話を聞いてみる。すると商品構成を他の店と大きく変えていることがわかったりする。そこで新たにデータを取り、商品構成と店舗売り上げの関係を分析すると、そこにある種の相関関係があることがわかったりする。

ダメなコンサルタントは最初に理論や理屈があって、そこから外れた考え方をしない。レアケースを例外として排除し、本質的な問題を見逃してしまいがちなのだ。それによって会社をミスリードし、間違った方向へと導いてしまうことになりかねない。

会社を潰すコンサルの特徴②

コミュニケーション力に問題があり、場の空気を読めない

コンサルタントは学歴的、経歴的に優秀な人が多いが、中には頭でっかちな人物もいたりする。彼らに共通するのが、**コミュニケーションをないがしろにして、自分のコンサル理論にこだわる**ことだ。

かつて私の部下に、東大で宇宙物理学の研究をしていた非常に頭のいいコンサルタントがいたが、プレゼンをさせたら途中からどんどん自分の世界に入り込んで、何を言っているか周囲からしたら全然わからない。

ところが本人は、そんな空気も読むことができないから、延々と話を続けてしまい、上司の私としてはその後何とか場を持ち直すのに苦労したことがある。

コミュニケーションがうまくできないということは、**相手をよく見ていないということだ。**相手が見えなければ、本来のコンサルタントとしての仕事はできなくなる。

コンサルタントがどんなに優秀な人物であろうとも、**企業から雇われた存在である**ことは変わらない。仕事を与えてくれた企業と、その中で働く人たちが、いったい何を望み、欲しているのかを見極めるのが、コンサルタントとしての第一歩である。

それにはまず、日常の会話ができなければならない。個別の面談や聞き取り調査などでも、相手の気持ちをほぐしながら、いかに本音を聞き出すかが勝負になってくる。

その意味で、コンサルタントに求められているのは「コミュニケーション力」だと言える。コミュニケーションが下手で、独りよがりなコンサルタントは、どんなに頭脳が優秀だろうが、よい結果をもたらさないコンサルタントということになる。

会社を潰すコンサルの特徴③

上から目線で教えることがコンサルティングだと考えている

ダメなコンサルタントほど、上から目線で「教える」という姿勢が目立つ。

そもそも教えるというのは、自分が持っている知識や情報を相手に伝えるということだ。それはすでにでき上がっている理論や公式であって、そのコンサルタントのオリジナルのものではないことがほとんどである。

私が定義するコンサルティングの仕事の本質とは、「**何が問題かを突き止め、その問題解決のための答えを考える**」ということだ。経営理論の知識を教えるだけなら、勉強した人なら誰でもできる。専門書や解説書を読めば、知識を身につけることはできるだろう。

しかし、会社の課題や問題点がどこにあるかを見極め、解決の答えを見つけるためには、「自分の頭で考える」という作業が必要不可欠である。**「考える」ということに対して特殊な能力を持った者が、本物のコンサルタントだと考えている。**そこに、コンサルタントのオリジナリティやクリエイティビティがあるということだ。

企業の問題点がどこにあるかを考えるためには、クライアント企業の情報をたくさん集めなければならない。だから**一流のコンサルタントは「教える」というよりも、むしろ「教えてもらう」という姿勢の方が自然に強くなる**ものだ。

「教える」という態度は、日本の学校教育のスタイルそのものだ。教科書に書かれていることを、お題目を唱えるように教師が学生に「教える」。ただし、そこには「考える」というクリエイティブな要素は微塵もない。

もちろん、小学校から中学校くらいまでは、基礎教養として知識をしっかり身につけるべきだ。ただし、高校、大学となったら、知識よりも考える方の授業に比重を移していくべきだろう。

ところが日本では最終学府である大学までもが、もっぱら知識を身につける勉強に専念している。これでは高等教育を受けたとしても、日本人は自分の頭で考えることがうまくできない、ということになってしまうのである。

ハーバード大学での「考える授業」

ちなみに私が学んだハーバード大学は、日本の大学教育とは全く違う。**そこでは「考えること」を教えてくれる**のだ。先生が課題となるテーマを最初に学生に話す。それについてどう考えるか、学生たちが自由に意見を出すのだ。

生徒の話は9割方つまらない意見が多いのだが、その中の1割ぐらいに、キラリと輝く意見がある。先生が、最後にそのキラリと輝く1割の意見を拾ってきて、ブラッシュアップして本質的な珠玉のような言葉にしてまとめるのだ。

学生の言葉は素朴で稚拙だが、教授がそれを見事に論理化し、一つの真理として提示する。英語でcrystallize（結晶化）というのだけど、日本語の概念にはない言葉かもしれない。

また、ハーバードでは「面会制度」がある。**学生が教授に面会を希望すると、2週間以内に最低10分間は面会しなければならない決まり**になっている。こんなのはまず日本の大学では見られない。

あるとき、私はその面会で教授に「この間の授業ですが、私はいったい何が問題だったのかがわかりませんでした。だから答えもわからなかった」と言うと、「**キミは最高の学習をしたね**」と言う。

「じつは私もあの件に関しては、何が問題なのかわからない。問題が規定されないのに、答えが出てくるわけがない。キミはその真理を学んだんだ」と。ふざけたことを言う教授だと思ったけれど、あれから何十年かして私はすごいことを教わったと実感している。

いずれにしても、「**教える**」**のではなく、一緒に**「**考える**」のが大学の授業のスタイルなのだ。

話は少し脱線したけれど、オリジナリティもクリエイティビティもないコンサルタントほど、自分が勉強したことを金科玉条的に掲げて、上から目線で教えてやるという姿勢に陥りがちだ。

このような〝教師型コンサルタント〟を完全否定するつもりはない。知識ももちろん必要だから、企業が社員教育的な意味でそのようなコンサルタントを望むのであれば、それもありだろう。

ただし、このようなタイプのコンサルタントの中には、前述した特徴1のように、**自分の知識の範囲だけに捉われ、誤った分析から企業をミスリードしてしまう危険性が高い人も少なくない。**十分注意しなければならない。

コンサルタントを雇う側の問題点とは？

ここまで、コンサルタントの問題点をいくつか指摘してきた。しかし、ミスマッチが生じるのはコンサルタントだけの問題ではない。**雇う側の企業の問題も大いにあると考えている。**

それは前述した、コンサルティングの俗化現象と大いに関係していると思う。「とりあえずコンサルタントに依頼すれば何とかなる」という安易な風潮があるように感じるのは、私だけではないはずだ。

本来、コンサルタントを雇うからには、**会社としての目的や目標が明確に存在していなければならない。**

売り上げを伸ばしてシェアを拡大し、他社との競争に勝ちたいということなのか、業務改善をして経営体質を強めたいのか、研究開発を中心に企業の企画開発力を高めたいのか。あるいはいま流行りのＤＸの構築を睨んで、全社的なシステムを導入したいということもあるだろう。

会社としての目的や目標が明確になって初めて、どんなコンサルティング会社にどんな依頼をするかがはっきり見えてくる。

外資系の戦略コンサルティング会社がいい場合もあれば、総合系のコンサルティング会社に依頼すべき場合もあるだろう。極端な話、堀紘一をIT系のコンサルとして雇っても全く意味がない。

聞いた話だが、あるコンサルタントが頼まれて経営者に会ったところ、開口一番に**「あなたを雇うと、こちらにとってどんなメリットがあるの？」**と聞かれて閉口したそうだ。

コンサルタントは企業の依頼と目的に応えるべく、コンサルを行うものだ。コンサルタントにその目的を聞くのは、本末転倒も甚だしい。

明確な方向性や目的もなく、とにかくコンサルタントに頼めば、何か会社にプラスになるのではないかという安易な受け身の姿勢でコンサルタントを雇う。

要は、自分の頭で考えることができていない。だからコンサルの言うことを無批判に受け入れてしまう。ちょっとした経営理論などを振りかざすと、優秀なコンサルだと勘違いして、盲目的に信じ込んでしまうのだ。

その結果、経営や企業業績が改善されるどころか、かえって悪化してしまうということになる。

昔の企業の方が「考える力」を持っていた

その点では、むしろ私たちの若い頃の企業の方が、独自に考える姿勢が強かったように思う。

ただし、これもコンサルタントにとってみれば良し悪しだ。当時、私のような若いコンサルタントが行くと、**「お前のような若造に俺たちの会社の何がわかる！」**という拒絶や抵抗にあうことが当たり前だった。

たとえばホンダのコンサルを担当したとき、当時の副社長である入交昭一郎さんと夜中の12時過ぎまで白熱した議論になった。

お互いのテンションが上がってしまい、入交さんが「堀さんに機械工学の何がわかる？」と言うから、「はっきり言えば何もわかりません。ただ、そういう入交さんは経営の何がわかるんですか？」と返した。

もはやけんか腰だったけれど、深夜2時を回ったくらいになると、すっかり言いたいことを言い尽くして、今度は大いに意気投合し出した。

「経営がわからない俺と、機械工学がわからない堀さんが、一緒になって議論していくって、たぶん人類の歴史でも初めてなんじゃないか？」と入交さんが言って、一緒に解決策を探っていこうとなったのだ。

お互いに自分の世界があって、それぞれに矜持を持っていたから、ぶつかるときは激しくぶつかる。けれど、それを通り越すと、今度は強い連帯感や絆のようなものが生まれる。

決して私が経営理論を一方的に押しつけたわけでもなければ、向こうが一方的に自分たちのやり方を主張したわけでもない。**一緒に同じ方向を向いて解決策を探っていくという共同作業になった**のだ。

本当のコンサルティングとはまさにそういうことだということを、私は入交さんと侃々諤々とやり合う中で教えてもらったと考えている。

どうも昨今の企業を見ていると、**そこまでコンサルタントと向き合う気概のある人物は少ないように感じる。**

それは雇う側の企業の方に、しっかりとした考えがない、自ら考える力が欠如しているということのあらわれでもあると思う。

コンサルの言うことを受け入れる体制ができていない

いくらコンサルタントが素晴らしい解決策を提示しても、**企業側が受け入れなければ絵に描いた餅で終わる。**

コンサルとしての答案をどうまとめるか？　最終的な結論を提示する大事な瞬間だが、私自身が経験値を積む中で見出した方法がある。

たとえば、課題解決の方法としてベストだと考えた案を「A案」としよう。ただし、これを実行するにはかなりの企業努力が必要になるし、痛みを伴う。

そこで私は、これなら絶対に企業側が受け入れてくれるだろうという安全策の「C案」を作る。改革とはいえないような内容だから、じつに物足りない。そこでA案とC案の中間くらいの「B案」を作る（図1参照）。

コンサルティングも大詰めに近づくと、私はこのA、B、Cの3案を考えておく。それで本番のプレゼン前に、それとなく担当者に探りを入れる。すると「堀さん、とてもじゃないがA案は常務会を通らないよ」と言われる。そこで私は仕方なく、「ではB案でどうでしょうか?」と提案する。「確かにA案よりは実現性は高いが、それでも社内を通すのは難しいね」となる。

　結局、コンサルタントとしては妥協案であるC案が通る。私から言わせると、**こんな程度ならコンサルなど雇う必要はないじゃないか**とさえ思う。

　ただし驚くなかれ、私の経験上、このC案で落ち着くのが全体の8割から9割なのだ。

　若くて理想に燃えたコンサルタントだと、「それ

図1 3つの解決策を企業に提案する

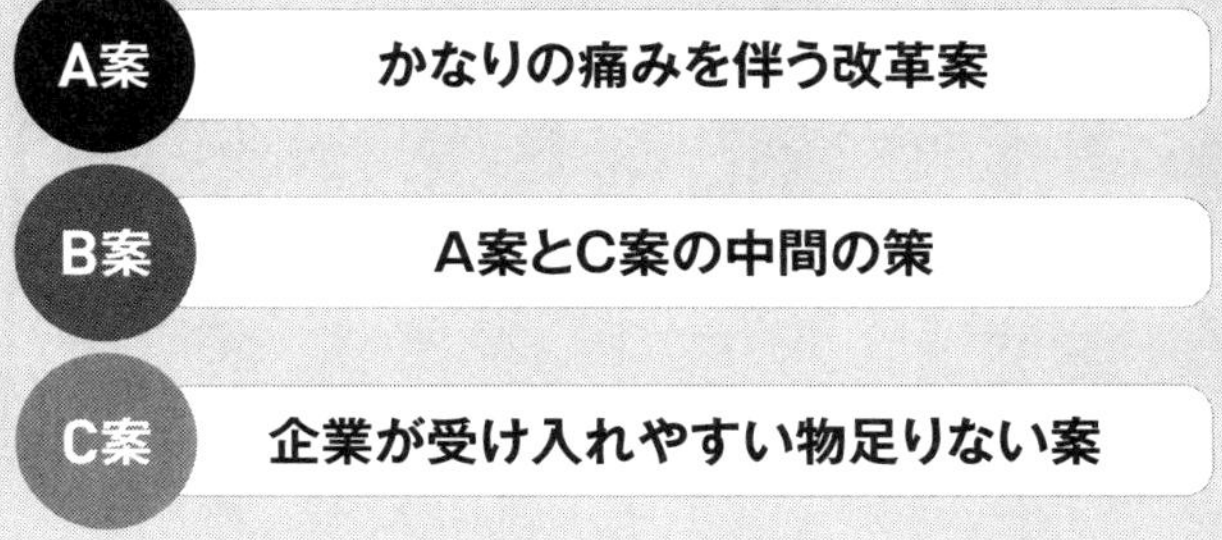

A案	かなりの痛みを伴う改革案
B案	A案とC案の中間の策
C案	企業が受け入れやすい物足りない案

ではコンサルタントとして納得できません」などと突っ張って、企業側とモメてしまうこともある。だが、ベテランになると、もはやそれも与件として受け入れるようになるのだ。

コンサルタントとしての理想は理想。ただし企業の現実は現実であり、**その企業に再度呼んでもらえるコンサルタントが、最終的には生き残っていく。**

とはいえ、本来コンサルタントを雇う決断をした企業であれば、もう少しコンサルタントの意見を受け入れる体制を作ってほしいというのも、正直な実感だ。

私の経験上、**A案を受け入れてくれた企業は成功している。**それが先ほどのホンダであり、ソニーという当時の成長企業である。

安易にコンサルタントに依頼するわりには、**いざ真剣にコンサルタントが向き合い、本気の提案をすると、それはできないとビビってしまう。**そういう企業がじつは多いのではないかと考えている。その結果、コンサルタントを頼んでも成果が思ったように出ない。

ならば、わざわざコンサルタントを雇う必要などないのに……。昨今のコンサルタントブームと陰で起きているミスマッチの現状に、そんなことをふと考えてしまう。

あと出しジャンケンで細かいところにケチをつける

企業側の問題として、自身の方針や方向性がなく、自分の頭で考えていないということを先ほど挙げた。

じつはこれと矛盾するようだが、何かにつけて**コンサルタントの言葉にケチをつけたり、指摘する企業側の人間がいる。**

相手の話を聞きながら、つねに矛盾点や不足している点を指摘する。一見論理的で頭が良さそうだ。いかにも自分の考えがあるように見えるだろう。

ただし、**このように重箱の隅をつつくように相手の揚げ足を取る人物ほど、本質的なところの思考力が希薄な場合が多い。**

どんな説明でも、どこか足りない視点や分析点はあるだろう。あと出しジャンケンのようにそれを指摘すれば、たしかに指摘する方が勝つに決まっている。

本当に大事なことは、その説明が何を目的にしているか、どういう意図で論を展開しているか、ということだ。

細かな矛盾点や不足している点は、後から補足修正すればなんとでもなる。それよりもまず論旨が的確であるかどうか？　会社の目指す方向性と重なっていて、しかるべき生産性のある結論が導き出せる内容かどうか？　本質的なところでの議論を進めることが最優先のはずである。

そこで本筋と離れた枝葉末節にこだわるのは、物事を本質的な視点から捉える能力に欠けているということだ。

このような非生産的で、やたらと相手の揚げ足を取るような指摘を繰り返す人間は、企業にとっても大きなマイナスだろう。
そういう人は**若い人の意見を否定し、その可能性を摘み取るタイプだ。**いろいろ知識や情報は持っているが、それを生産的な方向で使おうとしない。相手を否定し、批判することで、自己の存在意義を確認するためにそれを使う。いわゆる評論家タイプである。

このような人が、企業の中枢にいたらやっかいだ。会社全体の空気がそれに流されていると、コンサルティングはなかなかうまく進まない。企業の側もせっかくお金を出してコンサルタントを雇ったとしても、その効用を得ることができず、結果的には損をしてしまうことになるだろう。

カルロス・ゴーンの依頼を断ったわけは？

結局、コンサルティングを依頼する側も、依頼される側も、どちらも安易に考えているから、さまざまなミスマッチが起きてくるのだと思う。

そこで思い出すのは、カルロス・ゴーンが日本にやってきたときの話だ。日産を立て直すべく、鳴り物入りでルノーから日産の社長になった。それで成田に着くと同時に、真っ先に私に電話がかかってきた。

そもそもルノーグループは、ボストン コンサルティング グループのパリ事務所の最上客だ。だから、パリからやたらと電話がかかってきていた。「ゴーンが行ったら堀紘一に会うように言っておくから、ぜひ頼む」と。

そこで、到着したばかりのゴーンに会って話をした。

何時間くらい話しただろうか。**ゴーンが話したのは、コストカットのことばかりだった。**どうしたら人員削減も含めてうまくコストカットできるか？　日本の風習でどんな障害が起きそうか？　私にいろいろ聞いてくる。

しかし、前にも話したように、私はコストカットが大嫌いなのだ。生涯のコンサルティングでも2回くらいしかやったことがない。根っから肌に合わないから、**ゴーンとも肌が合わなそうだと感じてしまった。**

しかも当時の日産の状況を考えたとき、売り上げを伸ばすといっても、なかなか私の中でイメージが膨らんでこない。つまり、こうしたらうまくいくだろうという「仮説」が作れないのだ。

これは下手に受けたら大変なことになる……。直感的にそう感じた。

だから、断ることにしたのだ。その旨を連絡したら、パリ事務所はカンカンになって怒った。それはそうだろう。フランスのルノーから、はるばる日本の日産を立て直しにやってきたのに、それに全く協力しないと明言したのだから。

「われわれの最大の顧客を、そんな簡単に足蹴にするとは何ごとだ！」

「ゴーンはコストカットにしか興味がない。私のコンサルとは本質的に合わない」

「何を言っているんだ、考え直せ！」

「と言われても、ムリなものはムリです」

そんなやり取りの後、しばらく2年くらいだが、パリ事務所とは冷戦状態のようになってしまった。

しかしいま考えても、私の判断は間違っていなかったと思う。**あのまま安易にコンサルティングの依頼を受けていたら、きっとどこかでミスマッチが明らかになり、破綻していた可能性が高い。**そうなると、私にとってもゴーンにとっても大きな痛手となっただろう。

しかもその後のゴーンと日産の関係は、誰もが知っている結末を迎えた。いろんな意味で、関わらないで正解だったと考えている。

いずれにしても、コンサルティングは生半可な気持ちで依頼しても、受けても成功しない。**ミスマッチの根源には、両者のコンサルティングに対する姿勢や考え方の違いがある**のだと思う。


いまの時代、コンサルタントになりたいという学生が多く、巷ではコンサルタントが溢れている。依頼する企業も多い。

にもかかわらず、まっとうなコンサルティングが行われておらず、企業とコンサルタントのミスマッチがあちこちで起きている。

この矛盾した現象がどうして起きるかについて、ざっとここまでお話ししてきた。他にもいくつかの理由があるかもしれないが、本質的なところはお話ししたことの中にほぼ含まれていると思う。


企業の問題を解決し、利益を上げ成長を導くようなコンサルティングは、**コンサルタントの力によってだけ実現するものではない。**コンサルタントと企業がしっかりと向き合いながら、問題を定義し、問題解決を図るのだ。それが本来あるべきコンサルティングの姿だと考える。

以下の章で、あるべきコンサルティングの姿をより明確にし、具体的にそれをどう実現していくかを探っていこう。

堀紘一氏の話を受けて、
「知識」を売るコンサルと、
「考えたこと」を売るコンサルの違いを考えてみます。

コンサルタントは「知識」ではなく「考えたこと」を売る仕事

津田久資

コンサルタントは「知識」を売るのではない。「考えたこと」を売る存在でなければならない――。

この章で堀さんが言われていることは、それこそ一緒にコンサルティングをさせてもらった実践の中で、私が教わったことでもあります。

堀さんは私と違い、一種天才肌のコンサルタントだと思います。とにかく、「考える力」が秀でています。膨大なデータや資料、事実関係を幅広く見渡し、そこから一気に結論へ導いていく思考の速さは、とても真似できるものではありません。

堀さんからしてみたら、私を含め、他の多くのコンサルタントはまるで鈍牛のような歩みにさえ見えるかもしれません。

あれだけの頭脳で、あれだけの勉強をされてきた方ですから、知識や情報の量という点でも他のコンサルタントの追随を許さないでしょう。

しかし、堀さんが重きを置くのは、**その膨大な知識ではなく、「考える」ということ**

なのです。

考えることを省略するのが公式の役割

私自身も、コンサルティングを行う上で、「**一緒に考える**」というスタイルを意識しています。

会社のどこにどんな問題があるのか、どう解決したらいいかを一方的にプレゼンするのではなく、企業の側の人たちにも一緒に考えてもらう。

すると、さまざまな意見が飛び出してきて、思った以上にプロジェクトが盛り上がります。

ところが、残念なことに知識を振り回し、一方的に教えてやるという姿勢のコンサルタントが多いのも事実だと思います。

たとえば、**やたらと思考のフレームワークを振りかざすコンサルタント**にあたったことはないでしょうか？

「STP」というマーケティング用語があります。主に市場開拓を考えるときに使うフレームワークで、セグメンテーション（Segmentation）、ターゲッティング（Targeting）、ポジショニング（Positioning）という3つの視点から考えるというものです。

あるいは「4P」という言葉があります。製品（Product）、価格（Price）、プロモーション（Promotion）、流通（Place）という4つの視点でマーケティングを考えるというものです（図2参照）。

このようなフレームワークを利用すると、**さまざまな問題点が整理され、結論を導くことが容易になるとされています。**ただし、それ自体は一種

図2 フレームワーク——4P分析

製品 Product どのような商品を売るか	**価格** Price いくらで売るか
プロモーション Promotion どのように知ってもらうか	**流通** Place どのように届けるか

の公式のようなものでしかありません。

そのコンサルタントが考えたオリジナルではないし、誰もが本を読んで勉強すれば身につくことでしょう。何より、その公式がクライアントの問題解決に役立つ保証がないことも、重要なので付記しておきます（詳しくは後述します）。

このような公式をいくら使ったとしても、それ自体は「考える」ということにはなりません。

むしろ、**ものを考えるのを省略するのが、公式の役割とも言える**のです。

なんちゃってコンサルタントの正体

よく私が例として挙げるのが、三平方の定理（ピタゴラスの定理）です。

いま左下の図3のように2つの辺が3と4の直角三角形があります。このとき斜辺の長さはいくらでしょうか？

読者のほとんどは、即時に5と答えたと思います。

「直角三角形において、斜辺をc、その他の2辺をa、bとするとき、$a^2 + b^2 = C^2$が成り立つ」

この公式に当てはめて「5」という答えが出たはずです。

ただし、果たしてこれが「考えた」ことになるでしょうか？

あなた自身が三平方の定理を導き出したのなら、立派に考えたと言えるでしょう。

しかし、**誰かが考え出した公式に当てはめて答えを出したところで、それは考えたということにはなりません。**

それは三平方の定理という既存の知識に「当てはめた」だけ。

つまり単純作業と同じなのです。

図3 三平方の定理

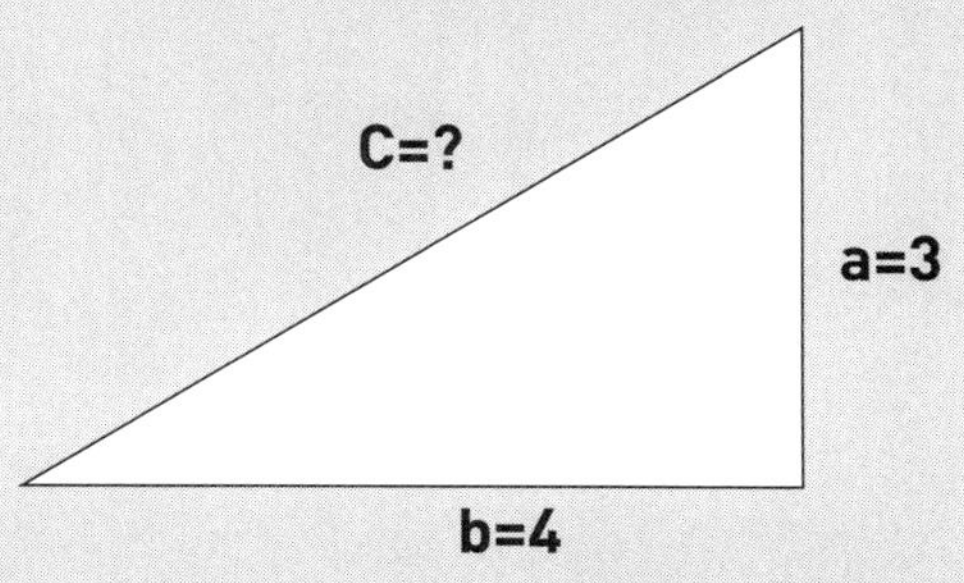

それにもかかわらず、多くの人は「今日もよく考えたな」とか、「自分は頭がいいのではないか」とさえ思っています。

同じ意味で、先ほどのＳＴＰも４Ｐも、マーケティング戦略を「考えた」のではなく、その理論に「当てはめた」だけということになります。

知識を身につけて、それを利用するのは、勉強さえすれば誰でもできます。それだけなら、いま流行りのＡＩ（人工知能）の方がはるかに正確で、膨大な公式を駆使し、瞬時に答えを出すことができるでしょう。

大事なのは公式を覚えて使うことではなく、自分の頭で「考えること」なのです。

ところが現実は、知識を振り回し、現実をそれに当てはめるだけの「なんちゃってコンサルタント」が増えていることも事実なのです。

当てはめるだけでは競争に勝てない

では、なぜそのような知識に「当てはめる」考え方ではダメなのでしょうか?

答えはシンプルです。

それでは競争に勝てないからです。

いまや企業経営は熾烈を極めています。自国の企業のみならず、他国の企業とも戦い、勝たねばなりません。中には世界を股にかけるグローバル企業もいれば、新興国の企業で安い製品を武器にする会社もあると思います。独自技術を売りにするオンリーワン企業もいるでしょう。

その中でどのような経営戦略のもと、どのような商品を作り、どのように販売し、利益を上げるか?

自社の強みと弱みを把握して、どのような戦略が最も最適かを考えなければなりません。

他社に少しでも先んじて、より良い解を導かねば命取りになってしまいます。

そんな状況を切り拓くのに、これまでの知識やフレームワークをいたずらに振り回しただけでは、正解どころかトンチンカンな答えを導き、誤った戦略を取ってしまうことにもなりかねません。

前述したように、そもそも経営の理論は、数学のような学問分野の理論などに比べて、普遍性が高くないといえます。

いつでも使える普遍的な公式は、限られるほどしかありません。

一定のケースにおいてはその理論が成立しますが、成立しないケースも少なからず存在するのです。

その場合は、新しい理論を考えなければなりません。

ところが、堀さんが44ページで「理屈に合わない例外的な事象があったとしても、それを意図的に無視したり、あるいは気づかないでスルーしてしまう」と指摘するように、そういうコンサルタントはもともと**その理論が、どんな前提の場合に成立して**

いるのかを理解していません。

おそらく理論を学んだ際に、「なぜこのケースではこの理論が成立するのだろうか？」という本質について考えることをせず、丸暗記というか、鵜呑みにしてしまったのでしょう。

だから理論に当てはまらないケースが出てきたら、ただの例外だと考え、平気でスルーするのです。

そういう人は、残念ながらコンサルタントに向いていません。

たとえばＢＣＧの「プロダクトポートフォリオマネジメント（ＰＰＭ）」のマトリクスでさえも、１９６０年当時のクライアントの多くに当てはまるという前提のもとにつくり出された理論です。

ですから、**現在の企業にその前提が当てはまるかというと、多くの場合は当てはまらない**でしょう。

ところが、前提が合わないにもかかわらず、「なんちゃってコンサルタント」がＰＰＭのマトリクスを当てはめている企画書を、私は何度も見たことがあります（なんちゃってＭＢＡのビジネスマンにも多いですが）。

こういう「ものを考えない」コンサルタントにあたってしまった企業は、不幸としかいいようがないのです。

考えるとは「拡散」して「収束」すること

では経営において、「ものを考える」ということはどういうことでしょうか？

私はそれが**「拡散」と「収束」**だと思います。

そもそも、その会社にとって実行した方がいい「方策」というのは、数限りなくあります。

より適切な人材教育をするとか、新たに商品開発をする、店舗数を拡大する、あるいは組織の改編を行う、給与体系を見直すなど、やるべきこと、やった方がいいことは考えつくだけでたくさんあります。

そうした方策を、できる限りたくさん挙げていくのが「拡散」です。１００ある場合もあれば、500もある場合もあるかもしれません。

そのように方策の「拡散」を行った後に、今度は「収束」をします。たくさんの方策の中から、優先順位の高いものに絞り込んでいくのです。**それには相当の思考力が必要になります。**会社の現状や強み、業界の動向やライバル企業の動きなど、いくつかの要素を押さえながら、最も重要かつ効果的ものに絞り込んでいくわけです。

「拡散」と「収束」はどちらも大事ですが、**あえていえば「拡散」の方が重要**です。Aから Gまで発想を広げられた人は、最終的にGに絞り込むことができますが、Eで止まってしまった人は、Gを選択する可能性がゼロになってしまうからです。**十分に拡散しないと、より適切な行動を選択することができない**わけです（次ページ図4参照）。

この「拡散」と「収束」という思考作業によって、経営の課題や問題が明確になり、どのようなことを重点的に行うのがいいかが次第に明確になってきます。

そこには徹底して「考える」という姿勢があるのです。

実力のある本物のコンサルタントは、このことを意識的に取り組んでいるはずです。

知識や既成のフレームワークなどを羅列する「なんちゃてコンサル」に騙され、振り回されないようにするためにも、「考える」ということにフォーカスしてほしいと思います。

つまり、コンサルタントを雇う企業の人たちも、普段から「考える」ということを意識し、実践することが大事だと思うのです。

図4 思考の「拡散」と「収束」

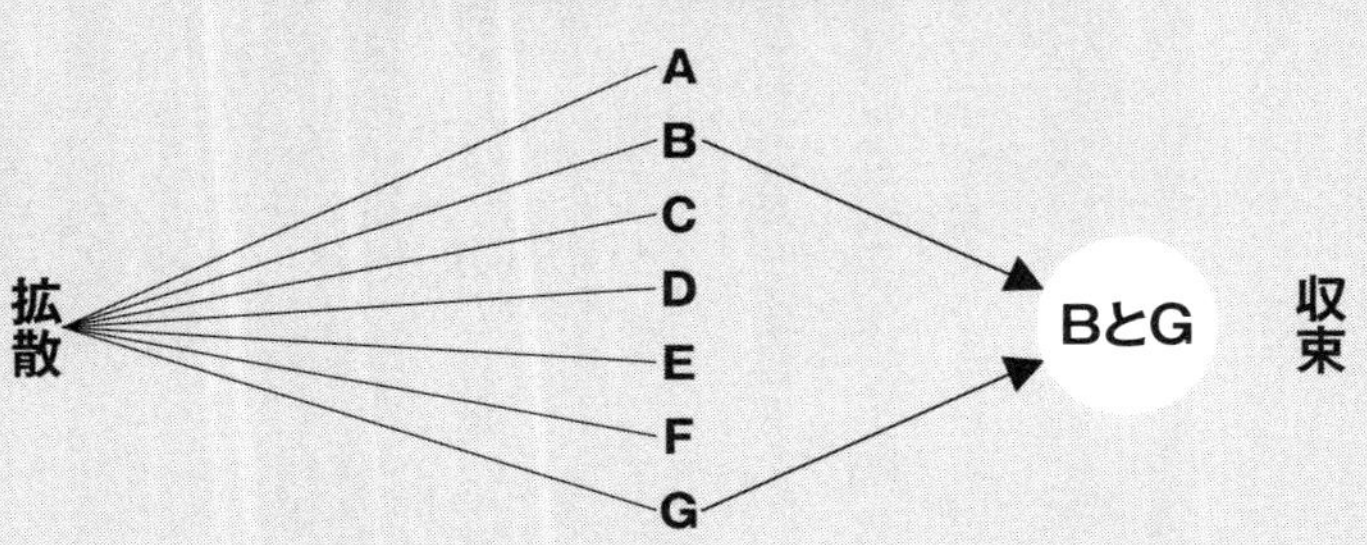

説明がよくわからないコンサルの存在

ちなみに、1章で堀さんが「会社を潰すコンサルの特徴」をいくつか挙げていますが、私もここで1つ追加しておきましょう。

コンサルティングの考え方は、米国から入ってきたものですから、どうしてもコンサルティングをする中で、説明の中に横文字が入る場合があります。

多少は仕方がないにしても、**やたらと横文字を連発して、説明がよくわからないコンサルタント**がいます。

堀さんならば、その時点で二流以下のコンサルタントの烙印を押してしまうでしょう。

ブランドだとか、ストラテジー、パーパスだとかいう、いわゆる「コンサル語」と呼ばれる外来語です。**こんな言葉を使わなくても、説明することはできるはず**なのに、使いたがるのです。

以前私がまだボストン コンサルティング グループに入る前、博報堂に在籍していたとき、たまたまマッキンゼー・アンド・カンパニーとキリンとの共同プロジェクトに参加する機会がありました。

その頃のキリンは、ライバルのアサヒビールが「スーパードライ」を投入し、ヒットさせたことで、危機感を覚えていました。そこで新たな戦略立案をマッキンゼーに依頼したのです。

私はマッキンゼーのエリートたちがどんなプレゼンをするか、興味を持ってその場に同席したわけですが、彼らは一切専門用語を使わず、簡単な言葉で、日常的に使う言葉を使って、すべての戦略プランをわかりやすく説明、プレゼンをしたのでした。

どんな難解な理論でも、その本質をしっかりと理解していれば、簡単な言葉で説明ができるものです。よくわかっていない人ほど、難解な言葉や理屈をこねて相手を煙に巻こうとします。

この場合は理解が浅いということと同時に、自分を大きく見せようとか、ごまかそうとする意図があるかもしれません。最悪の場合はミスリードされてしまい、会社がガタガタになってしまう危険すらあるのです。

堀さんの説明はいつ聞いてもわかりやすいですが、それはさまざまな理論もそうですが、企業の課題や問題点がクリアになっているからだと思います。横文字を使うこともまずありません。

課題や問題点が明らかであれば、解決に向けて自ずとやるべきことが明確になります。必然的に、その説明は単純かつ明快になるはずなのです。

これは学者でもそうで、一流と呼ばれる学者ほど、一般の人にわかりやすく専門分野を話してくれます。

二流、三流の学者ほどあえて難しい言葉や表現を使って、自分を大きく見せようとします。

あるいは、自分の無理解をごまかそうとします（多くの人は、無理解であることを自覚していませんが）。

コンサルタントも同じです。言葉がわかりにくく、論旨も不明快なコンサルタントは避けるべきでしょう。

やたら説明が難しいコンサルタントには、**もっとわかりやすく説明してほしいと注文を付けるべき**です。それでもわかりやすくできないとしたら、実力不足であると判断して構わないでしょう。

コンサルタントは、顧客に自分の考えを理解してもらって初めて仕事が成立します。独りよがりで、自己満足のコンサルタントは高いお金を払って雇う意味がないのです。

第2章

Chapter 02

コンサルティングは本当に役に立つのか？

業務改善がコンサルティングの主流だった

前章で、コンサルティング会社と企業とのミスマッチの話をさせて頂いた。そこには両者に問題があることを指摘した。

こうした現状の中で、そもそも**コンサルティングは役に立たないのではないか**という認識が、巷に広がっているとしたら、それは大変残念だし、由々しいことだと思う。結論から言えば、あるべきコンサルティングが行われるのであれば、これほど企業にとって有益で、力強い味方となり得るものはない。

この章では、**本来のコンサルティングの本質とその効用**を、改めて振り返ってみたいと思う。それにはコンサルティングの歴史を知る必要があるだろう。

そもそもコンサルティングの始まりは1900年代初頭に、アメリカのフレデリック・ウィンズロー・テイラーが工場に科学的管理の手法を導入したことにさかのぼる。

工場の生産ラインはそれまでは「成行管理」といって、労働者の裁量に任されていた。

そうなると、どうしてもロスや怠業が起きる。そこでテイラーはどれくらいの時間でどんな作業動作が完了するかを細かく弾き出し、全体の標準的作業時間から、1日の標準的な生産量を算出した。

このような科学的な管理手法を導入することで、生産ラインのムダを省き、生産性を上げることに成功したのだ。これが現在の**「業務改善コンサルティング」の元祖**とされている。

1914年、この流れをくむ形でコンサルティング会社として初めて誕生したのがアメリカのブーズ・アレン・アンド・ハミルトンだ。ちなみに私が断ってしまった、カルロス・ゴーンによる日産再生を支援した会社としても知られている。

次に古いのが、シカゴ大学経営学部教授のジェームズ・O・マッキンゼーにより、1926年に設立されたマッキンゼー・アンド・カンパニーだ。

いずれのコンサルティング・ファームも「業務改善コンサルティング」が中心で、マッキンゼーにおいてはOVA（Overhead Value Analysis）の名でよばれ、いまもなお主流サービスの一つになっている。

その後、約60年間、業務改善コンサルティングがコンサルティングの主流であるという時代が続く。

BCGの登場により戦略コンサルティングが確立

そこに登場したのが、ブルース・ヘンダーソン率いるボストン コンサルティング グループ(BCG)だ。

1963年にBCGを設立したヘンダーソンは、コンサルティングをそれまでの業務改善ではなく、**企業の進むべき方向性を決める経営戦略に移行した。**ただし、最初は変人扱いだったようだ。

企業経営の根幹である経営戦略を外注するようなバカな経営者がいるわけがない。当時、多くの人がヘンダーソンを冷笑したという。

ところが2つの企業へのコンサルティングの成功により、その認識が大きく変わった。その1つが、家電を製造していたテキサス・インスツルメント（T・I）の事例だ。電子計算機が市販されたばかりの時代、同社は当時考えられないような安価な値段で販売する戦略を採った。

この戦略が大当たりして、計算機が爆発的に売れ、株価も大幅に上がった。この戦略を提案したのがＢＣＧだ。そのとき初めて打ち出したのが、「**経験曲線（experience curve）**」というものだ。

どういうことかと言うと、1台目に作る計算機と100万台目に作る計算機ではコストがまったく異なり、**100万台目の方がずっと安くなる。**

一般的には同一製品の累積生産量が倍増するごとに、単位当たりコストが平均15〜30％程度逓減するといわれている。**ポイントは、いつの時点でのコストを基準にして価格設定するか**ということだ。

仮に、最初のコストを基準にして販売価格を設定すると、かなり高価なものとなる。その時点で売れれば、それなりの利益が確保できる。しかし、高価であるがゆえに市場になかなか広まらず、販売台数は一気には増えない。

そこでBCGは1台目から100万台目をつくるまでの平均コストを算出して、それを基準に価格設定をするということを考え出した。

最初の価格は大変に割安なため、大幅な赤字となる。しかし割安感によって市場に一気に広まり、シェアを確保することができる。

同時に、製造個数の増加によってコスト逓減幅も大きくなり、**ある時点以降から一気に黒字に転換する**のである。

当時、電子計算機は最新の機器だ。高価であるのが当たり前だと、誰もが考えていた。しかし、**この「経験曲線」の理論に従えば、驚くような廉価な価格での販売が可能になる。**

当然だがT・Iの計算機は飛ぶように売れた。それによってT・Iは驚異的な成長を実現したのである。

このような戦略的な価格設定の考え方は、それまでどの企業も、どのコンサルティング・ファームも思い至らなかった。T・Iの劇的な成功事例によって、BCGの戦略コンサルティングの力が、初めて世に認められたのである。

そしてこのことをＴＩ社は株主に送るマニュアル・レポート（年次報告書）に書いてくれたので、それまで無名だったＢＣＧが一躍有名になったのだ。

ＰＰＭによるデュポンの成功

もう1つが、化学メーカーのデュポンの事例だ。

このコンサルティングでＢＣＧが打ち出したのが、**「ＰＰＭ（Product Portfolio Management）」**だ。

横軸に「市場シェア」、縦軸に「市場成長率」を取ったマトリクスを作成する。そこで分けられた4つの象限に、デュポンが製造している100以上もの製品群を分類するのである。

すると、**どの商品に投資をして、どの商品については市場から撤退するべきかが明確になる**（次ページ図5参照）。

4つの象限のうち、市場シェアも市場成長率も高い商品は花形商品だ。成長率が高いため、まだまだ投資が必要となる。将来、市場成長率が低下してきたら、「金のなる木」に移動する。

それに対して市場シェアが高いが、成長率が低い商品はどうか？　こちらはシェアが高いので、安定的に多額のキャッシュを生み出す（金のなる木）。ここで得たキャッシュを花形商品や問題商品などに回していく。

では、市場成長率が高いが、相対的市場シェアが低い商品はどうだろうか？　成長率が高いため花形商品になる可能性を秘めている。一方で、市場が成熟して市場成長率が低下した場合は、右下の撤退商品（負け犬）にもなり得る。

図5　投資の優先順位を判断するマトリクス

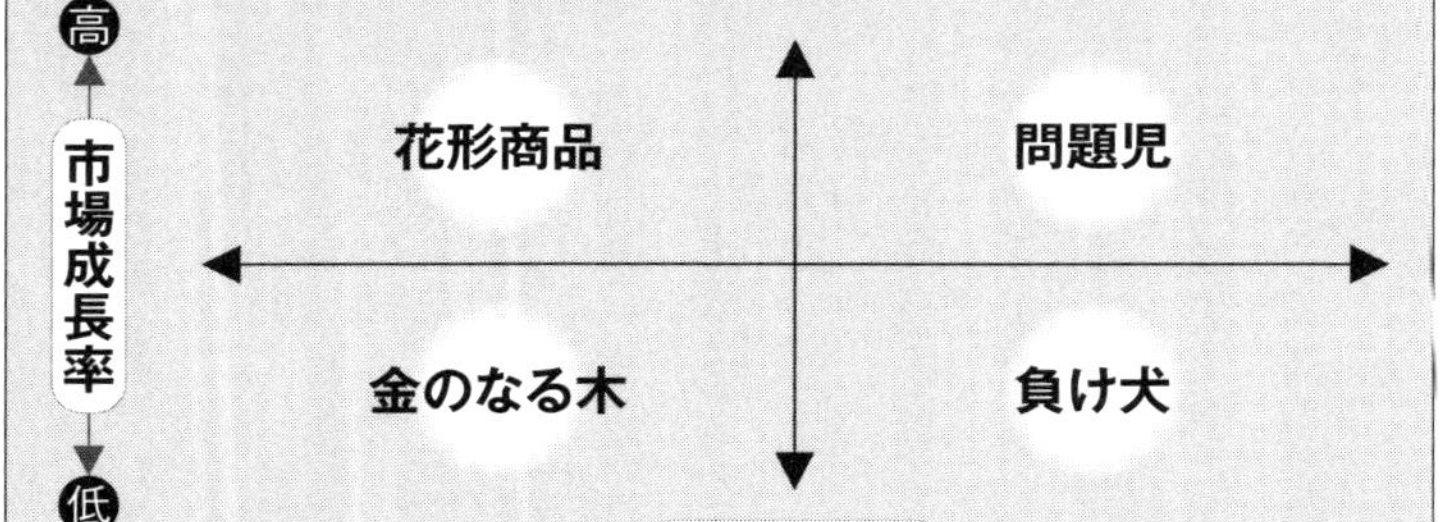

いずれも低い商品は言うまでもなく、即撤退するべき負け犬商品だ。

このように商品を４つの象限に分けることで、その後の投資の可否、継続か撤退かを明確に判断する。これによってデュポンは事業を整理し、強みのある商品に投資を追加することで成長を加速させることができたのである。

このBCGの成功によって、ついに経営戦略コンサルティングの時代がやってくる。

「経営戦略を外注する経営者はいない」と否定していた他のコンサルティング会社も、考え方を大きく改めざるを得なくなった。

結果として、１年後にはブーズ・アレン・アンド・ハミルトンもマッキンゼーも、それまでの業務改善型コンサルだけでなく、経営戦略コンサルティングを取り入れ始めた。

その後、ＢＣＧに所属していたビル・ベインが独立する形で、１９７３年に立ち上げたのがベイン・アンド・カンパニーだ。

ここにアメリカの経営戦略コンサルティングのビッグ４と呼ばれる４社が揃ったということになる。

コンサルティングは机上の空論ではない

ざっとここまでのコンサルティングの歴史を見るだけでも、コンサルティングがどのように誕生し、必要とされてきたかがわかっていただけると思う。

コンサルティングは机上の空論で、実戦で役に立たない論理ばかりを振り回しているわけではない。

経営戦略や業務改善において、企業に必要とされ、成果を挙げてきたことで、認知され評価されて、今日がある。そうでなければ業界ナンバーワンのマッキンゼーが100年も続くわけがない。

そこで、ここではさらにコンサルティングの効用を深掘りしていきたいと思う。

企業にとってコンサルティングはどのような効用があるか？　それは以下の5つにまとめることができると考える。

①「時間を買う」ことで機会損失を避けることができる

②企業が抱える「真の問題」が明確になる
③内側からはわからない〝ズレ〟を外からの視点で矯正する
④論理的に因果関係を分析することができる
⑤外圧として利用することで思い切った意思決定や改革ができる

それぞれについて、以下で詳しく触れていこう。

コンサルティングの効用①

「時間を買う」ことで機会損失を避けることができる

「時間」は、ビジネスにおいて重要なファクターである。たとえば新規分野に参入が遅れれば、他社にシェアを確保され、莫大な利益をフイにすることもあるだろう。反対に、適切なコンサルティングによって参入が半年早まれば、他社に先駆けてシェアを確保して、大きな利益を得ることができる。

新規事業や海外進出などの際に、コンサルティング・ファームを雇えば、自社だけで取り組むよりも、より適切で迅速な対応ができ、機会損失を防ぐことができる。

コンサルタントは「時間」という価値を、企業に提供しているのだ。

どれほどの大企業の経営戦略部門でも、一流と呼ばれているコンサルティング・ファームの蓄積されたノウハウと情報に適うものではない。

経営戦略コンサルティングに限らず、総合系にしてもIT系にしても、すべて同じことが言えるだろう。それぞれが専門分野での経験値を積み上げ、多くの実例と膨大なデータを有している。

コンサルティングはノウハウや情報だけでなく、「時間を買う」という点で大いに効用があると考えてよいと思う。

コンサルティングの効用②

企業が抱える「真の問題」が明確になる

「うちの会社の○○が問題なので、何とかしてほしい」

顧客からの依頼は、こんな形で来ることが多い。

しかし、**顧客の指摘している問題が〝真の問題〟だったことはほとんどない。**

多くの場合、顧客が問題だと言っている**その背後に、もっと大きな問題が潜んでいる**のである。

たとえば営業力が弱いので、営業力強化のコンサルティングをしてほしいと依頼されたとしよう。

そこで私たちが調べてみると、営業力の弱さは、営業に向いている人を採用しているかどうかの「採用基準の問題」である場合がある。

すると問題は営業力の強化ではなく、採用基準を見直すことにあるといえる。あるいは、その後の評価基準がおかしいために、営業マンのモチベーションを下げているということもある。

つまり、企業が問題としているのは真の問題ではなく、**真の問題のたんなる「結果」**

に過ぎないということだ。

「結果」を「問題」として取り違えているうちは、いくら対処しても問題解決にはならない。

胃が痛いのは、痛みそのものが問題なのではなく、胃にできた潰瘍やガンが本来の原因であり問題なのだ。痛み止めを飲めば、一時的に痛みを忘れるかもしれないが、手術や適切な薬の処方で病根を断たねば、いつまでも同じ痛みが襲ってくる。それと同じことだ。

よく私自身は「**何が問題かが問題だ**」という言葉を使う。ところが、これがじつに難しい。

本当の問題を見極めるには、因果関係を読み解く論理的な思考や分析力、経験値や勘など総合的な力が必要になる。

問題さえしっかりと認識できれば、解決策は自然と導かれてくる。問題解決の方策はそれこそいろいろな方法があり、難しいことではない。本当に難しいのは何が問題か、つまり「**問題をどう設定するか**」ということだ。

この「問題設定能力」を徹底的に鍛えているのが、一流のコンサルタントである。この点1つを取ってみても、コンサルティングを雇う意義と効用があることがわかっていただけると思う。

コンサルティングの効用③

内側からはわからない〝ズレ〟を外からの視点で矯正する

日本企業の場合、「会社の中」のことに関しては、社員はじつによく知っている。でも、「会社の外」のこと、世の中のことになると意外と知らない。

たとえば**自分の会社の顧客が、どんな商品を望んでいるか？**

こんな基本的なことは、社員であれば知っていて当然と考える。ところが、日本の会社では、当の社員が気づいていない場合が少なくない。

それは日本の企業が、**構造的にエンドユーザーとの接点が希薄だから**だ。顧客に商品が行く前に問屋があり、卸があり、そこから各店舗に商品が渡ってようやく消費者の手に渡る。顧客の反応を直接見たり聞いたりできないから、エンドユーザーが何を欲しているか、何を望んでいるかが見えていない。

人材が欧米に比べると、比較的固定しているのも大きいだろう。日本企業の終身雇用制は崩れて久しく、人材の流動化は以前よりも高くなっている。とは言っても、欧米に比べると転職する人間はまだまだ少ない。

アメリカなどの場合は、業界内で同業他社にどんどん転職するけれど、日本でそれをやると裏切り者扱いされてしまう。たとえばエンジン設計をやっている人間がトヨタから日産に移るということはあまり考えられない。

やはり農耕民族である日本人は、どこかに自分の根っこをしっかりとおろして仕事をする方が合っているのかもしれない。

そのような風土の中で会社勤めが長くなるほど、**思考は内向きになっていく。**会社の中のことはよく知っているが、外のことからはどんどん隔絶され、気がつくと社内の常識が社外の非常識になってしまうなんてことが起きる。


このような状況の中で、**社内の人間だけでものを考えていると、自分たちでは気がつかない「ズレ」が出てくる**ものだ。

気がついたとしても発言しにくい雰囲気がある。

そこで、外からの風が大きな効果をもたらすことになる。

腕の良いコンサルタントが来て、その点を客観的に指摘して分析する。自分たちが思いもしなかったズレや縛りがあることに気がつくと同時に、そこから自由になることで一気に視野が広がり、思考の枠が広がる。この付加価値は、大変大きなものがあると思う。

コンサルティングの効用④

論理的に因果関係を分析することができる

コンサルティングの本質は、物事を徹底して因果関係で捉えるということにある。物事の結果には、必ず相応の理由＝原因がある。

それをしっかりと見極めることができれば、なぜあの商品が売れたのか、なぜ売れなかったのかがいずれも明確になる。それが次の商品やサービスの開発につながっていく。ところが、**この因果関係を見極めることを、企業は意外におろそかにしているものだ。**

たとえば過去に売れた商品と売れなかった商品をリストアップして、それぞれ売れた理由、売れなかった理由を徹底的に分析しているだろうか？

ほとんどの企業の場合、売れた商品と類似のものを作れば売れるに違いないという具合に、じつに漠然とした認識の中で、商品やサービスの開発を行っている場合が多いように思う。

そもそも日本企業の場合は、**あまり理詰めでモノを言うと角が立つという空気がある。**極端な話、ロジックではなく、感覚的な共感のようなものでコンセンサスができ上がっていくことが多い。

そのような状況では、論理的に思考を突き詰めたり、検証することがなくても済んでしまう。

私は企業のコンサルティングを受けたら、まず「御社の売れている商品と、逆に売れなかった商品をいくつか見せて下さい」とお願いすることが多い。それらを徹底的に分析し、売れる商品の共通点、売れない商品の共通点を見つけ出す。つまり、**なぜ売れたかという因果関係を明確にする**わけだ。

それを場合によってはグラフ化する。前にお話しした「店の規模」と「利益率」の関係の話も同様だ。

通常なら「店の規模」と「利益率」は正の相関関係があり、きれいにグラフとなる。ところが1店舗だけ例外があったとする。そこで聞き取り調査をしたところ、商品の構成を変えていたことがわかった。

そこで今度は、「利益率」と「商品構成」を軸にしてグラフを作ってみる。すると例外のないきれいなグラフになった。

だとすると、この場合は利益率は「店舗の規模」ではなく、「商品構成」によって決まってくる、と推論できる。


さらに今度は、どの商品が利益率アップに最も寄与しているかを、個別に分析することでその因果関係がはっきり見えてくる。

このように論理的に相関関係から因果関係へと落とし込めれば、コンサルティングの目的はおおかた終了したようなものだ。


プレゼンを行う中で、自分たちが知らなかった相関関係や因果関係がわかると、企業の人たちは驚き、ときには感動さえ呼んで、思わぬ拍手が沸き起こったりする。

「堀さんの説明で、売れる理由、売れない理由がはっきりわかったよ」

「あのグラフは見事だった。うちの会社の本質をよく表しているね」

プレゼンを終えると、そんな声を投げかけてくれるのが励みになる。誰でも、物事の因果関係や道理がはっきりすれば、世界が違って見えてくるものだ。それは新鮮な驚きであり、喜びでもある。

あるいは**多くの人がそれとなく気がついていても、言語化できていないことがある。**それを見事に言語化することで、モヤモヤとしていたものがスッキリと腑に落ちる。

論理的に思考し、原因と結果を明確に示すことができるコンサルタントの力は、ときに企業の人たちの意識と思考を変え、企業が大きく変わる原動力になるのである。

コンサルティングの効用⑤

外圧として利用することで
思い切った
意思決定や改革ができる

多くの企業を担当してきて、つくづく感じることがある。それは企業の役員会などで**半分以上の人がいいと認めたアイデアは、まずヒットしない**ということだ。

結局、役員会などで認められるのは、常識的な域を出ないものが多い。それこそ革新的でエッジの効いたアイデアなど、彼らにとってみたら非常識であり、まずは売れないだろうと考えてしまう。

そもそも組織の力学、社内力学の中で自らの立場を築き上げてきたようなビジネスパーソンは、基本的に革新的な考え方を嫌うものだ。尖った感性や才能を持っていて、それを実現したいと考える人は転職したり、会社を辞めて自分で事業を起こしていたりする。

だから役員会で過半数の賛同を得たアイデアや方策に、革新的でエッジが効いているものなど存在しないとわかるはずだ。

革新的な決断をするためには、外からの力が不可欠だと思う。

硬直化した組織の論理を壊すには、外の力すなわち外圧がときに必要になる。なかなか内側からは変えられないことも、外圧を利用することで組織を変えることが可能な場合がある。

私たちコンサルタントを利用する企業の中には、外圧としての役割を意図的に求めて依頼してくる場合も結構多い。

企業のトップが自分の考えをごり押しする形になると、いろいろその後が面倒になる。ただし、何とかして自分の考えを実行しなければ将来が見えない。

そこであえてコンサルタントを雇い、**あたかもコンサルタントの意見として自分の考え方を社内に認めさせる。**そういうことも実際にあった。

ちなみに、企業が革新的に変化するときは、トップダウンで行われることがほとんどだ。ボトムアップでそのような変化はまず望めない。

やはりトップがリーダーシップを発揮して、これでやろうと決めたらうまく変革できる可能性は高いといえる。

そこで思い出すのは、ヒロセ電機の当時の社長だった酒井秀樹さんだ。コネクタ専用メーカーだったヒロセ電機だが、それまで「産業用」と「軍事用」しか作っていなかった。

私がこれからは「民生用」、すなわちパソコンや携帯電話のコネクタ製造に踏み切るべきだと言ったら、酒井さんはカンカンになって怒ってしまった。

「うちの会社がこれまでやってきたことを否定するのか！」

「しかし、これからの時代を考えれば、伸びしろがあるのは間違いなく民生用です」

私も簡単には引き下がらない。結局、その後酒井さんは考え方を１８０度転換し、民生用に足を踏み出した。おそらくあのときの路線変更があったからこそ、いまのヒロセ電機があると思う。

いずれにしても、新しいことを始めるときには、抵抗がつきものである。

会社の上層部に対しても臆せずものを言い、とくにトップに対しても正しいと思うことをしっかりと直言する。**それができるのが外部の人間であり、専門家でもあるコンサルタントなのだ。**

優れたコンサルはクリエイティブである

ここまで、コンサルティングの「本質」と「効用」ということで、さまざまな視点からお話ししてきた。それらを総括してコンサルティングの本質とは何かと問われたら、それは**「論理性」と「クリエイティビティ」の2つ**だと言える。

コンサルタントがものを考えるときは、徹底して論理的に考えるということはお話しした通りだ。

すべての結果には原因があり、その因果関係をいかに鮮やかに読み解くかが、コンサルタントの力の見せどころというわけだ。

また、コンサルタントは**企業における真の課題や問題を見極める力を持っていなくてはいけない。**これもまた論理的な思考力が基本になければ、見極めることが難しい。

さまざまな現象や結果を踏まえて、それに振り回されることなくその本質を見極めなければならない。それは論理的な思考による仮説設定、推論、検証といった知的作業によって、はじめて可能になる。

ところで、論理的思考力を駆使してさまざまな出来事や現象の背景に潜んでいる本質や法則性を導き出すという作業は、**それ自体が非常にクリエイティブなものだ。**発見された本質や法則性によって、事業経営にしても商品開発にしても、次の段階へと進むことができる。

このクリエイティビティは、たんなる情報収集だけからは生まれてこない。どれだけたくさんの本を読み、どれだけ知識を増やしても、それだけではなかなか身につかないものだ。

やはり自分の頭で論理的に考えて仮説を立て、推論検証していく中で生まれていく。さらに言えば、そこに幾多の経験が重なり、一種の職業的な勘のようなものが生まれてくる。

かつてＢＣＧのお茶室の棚には、たくさんの種類のグラフ用紙が置かれていた。そこには通常のグラフもあれば、片対数グラフや両対数グラフなどさまざまなグラフ用紙が20種類くらいあった。そのどれを選ぶかも勝負の1つだ。間違った用紙を選ぶと、思ったようなグラフが書けず、1時間から2時間はムダにしてしまう。

だから神経がどんどん繊細になって、グラフ用紙の前に行くとどれがいいかピンと勘が働くようになってくる。早く家に帰りたい私も必死だった。

すると最初、あれだけ残業していたのが嘘のように、最短時間で思っていたようなグラフを描くことができるようになっていった。堀はいつの間にか仕事が終わっている。そんなふうに周りから不思議がられたものだ。

ちなみに、いまではこのグラフ作成もデータを打ち込む専門の人がいて、瞬時にコンピュータでいろんなグラフにして出してくれるそうだ。

私のような〝カンピューター〟の出番はなくなった。いまの人たちから見れば、私のようなやり方は旧石器時代のような代物だろう。

しかし、私は**いまの人たちがコンピュータによって考える力を失っていっているように思えてならない。**

いずれにしても、コンサルティングには「論理的思考」と「クリエイティビティ」が不可欠だ。そして論理的思考もクリエイティビティも、日本の企業においては社内で育成することが難しい。

そう考えたとき、それを鍛えているコンサルティングを雇う意義と効用は、言うまでもなく大きいものがあるはずだ。

物事の本質を見極めるのがコンサルの力

コンサルタントの仕事をずっと続けていると、何かにつけて「本質は何か」というのを考える癖がついてしまう。

テレビでニュースを見ても、その報道が果たして正しいのか。もしかすると隠されている事実や真実があるのではないか、などと考えてしまうのだ。

私事で恐縮なのだが、最近は株式投資を行っている。正直、結構儲けさせてもらっている。それは簡単な理屈だ。私の目から見てどう考えても安すぎるという株があって、それを狙って投資しているだけなのだ。

長いこと不思議だと思っていたのが、三菱ＵＦＪ銀行の株だった。なぜなら日本を代表するような銀行の株価が、当時４００円台だったからだ。

これはおかしい。ＰＢＲの数字も０・５ということは、乱暴な捉え方をすると三菱ＵＦＪ銀行の融資の２つに１つが不良債権ということになる。本当にそうなのか？

いや、何かがおかしい……。

この「何かおかしい」という違和感が大事なのだ。

三菱ＵＦＪ銀行の融資がおかしいのか？　株価自体がおかしいのか？　それともＰＢＲがそもそもおかしいのか？

いずれにしても腑に落ちないから、ゴールドマンサックスや野村證券の人にも直接聞いてみた。

「堀さん、考えてみて下さい。三菱ＵＦＪに成長なんてあるわけないでしょう？　いいですか、日本経済そのものにもはや成長はありません。国民の数も減ってきているし、新たな産業もそれほど出てきていない。そんな国でどうして三菱ＵＦＪ銀行が成長できるのですか？」

彼らの意見は一見、正論に聞こえるが、でもやはりどこか納得できずに調べてみると、彼らの言っていることが間違っていることに気がついた。

三菱ＵＦＪ銀行はいまや国内だけでなく、タイやインドネシアといった新興国でさまざまに投資したり、貸し付けを行っている。

ちょっと考えてみてほしい。国内一般には定期預金金利で史上最安の０・１％しか利用者に還元せず、かたや新興の諸外国の最優良企業には、５％とか７％の高い金利で貸し付けしているのだ。

こんなボロい商売があるだろうか？　絶対に株価４００円はおかしい。そう考えたから、一気にまとめて三菱ＵＦＪ銀行の株を買った。当時はまだほとんど誰も見向きもしていなかったが、その後どんどん上がって、買った値段の3倍以上になった。配当利回りも10％近くあるから大変な額だ。

なんだか自慢話のようになってしまうのが嫌だけれど、言いたいのは**物事を自分の頭で考えることがいかに重要か**ということだ。

一流の証券会社の社員が揃って言っていたことでも、先ほどのような間違いがある。専門家が言っているから、メディアが報じているから正しいと鵜呑みにしていたのではダメなのだ。

つねに自分の頭で、物事の本質を見極める姿勢が大事だということだ。

私自身はこの力をコンサルタントとして研鑽を積む中で、自ずと磨いてきたと考えている。

逆に言えば、**しっかりとしたコンサルタントからコンサルティングを受ければ、本質的な視点で企業を捉え、その問題点を鋭く指摘してもらえる**ということだ。企業にとって、そのメリットは計り知れないものがあると考える。

真のコンサルティングは未来を見据えることができる

ＢＣＧの創始者であるブルース・ヘンダーソンとは、まだ自分がＢＣＧに入る前、三菱商事に在籍していたときに、ある人を介して初めて会った。

食事をしながら話していたら、なぜかとても気に入ってもらえたようで、その縁でその後BCGに入ることになったわけだ。

この人はじつに癖がある人で、とにかく議論を吹きかけてくる。それで、うまく答えられないと、「まだまだお前は半人前だ」と一喝する。それが面倒に感じる人は離れていくのだが、私は面白がっていた。それがブルースにも通じていて、気に入ってくれたのかもしれない。

あるとき、彼が来日して軽井沢のゴルフ場を朝早くに2人で歩いていた。

突然、「ここにある若葉のどれが松の木になる若葉で、どれが雑草なのかわかるか？」と聞いてきた。「わからない」と答えると、「だから、お前はダメなんだ」と言う。「そんなものがわからなくて、どうしてコンサルタントなんてできる？」と。

また始まったなと思ったが、「そもそも植物学者じゃないのだから、そんなことはわからなくて当たり前ではないか？」と返した。

しかし、これが彼流の比喩的な教えで、「いいか、そういうことではなくて、**コンサルタントは5年先のことをリアルに考えなければダメだということだ。**わかるか？」

と言う。

いまの時代、10年先までは技術の進歩が速くてなかなかわからない。ただ、5年先は大学や企業の研究室が何を研究し、どんな開発を行っているかを見れば、5年後に実用化されるものはかなりの確度でわかるはずだ。

いきなり若葉の話をし出すから何かと思えば、要はコンサルタントの本質を比喩的に教えてくれたのだ。


コンサルタントは、5年先まではしっかりと見据えていなければならない。しかるべき情報をキャッチして、ロジカルに推論すれば自ずと見えてくるはずなのだ。だから株の話に戻って恐縮だけれど、株式投資もまさに5年先を見据えれば、株価が上がる株が自ずと見えてくるのだ。

コンサルタンティングも本質は同じだと思う。

5年後の世界がどうなっているか？　ブルースの言葉に従って未来を捉えることが、コンサルティングの真の力だと言えるだろう。

"正解"がわかっていても教えない

さて、ここまでいろいろと話をしてきて、最後にそれらを一気にひっくり返してしまうようなことをお話ししようと思う。

よく、コンサルティングをしていると、企業の担当者から、「そうは言っても、堀さんはすでに答えを知っているんでしょう？　もったいぶらないで教えて下さいよ」と言われることがある。

しかし、この質問にはコンサルティングに対する大いなる誤解がある。**コンサルタントにいきなり答えを聞くのは間違っている。**なぜならコンサルタントの一番の仕事とは、前にも話したように「何が問題か、問題はどこにあるか」を探すことだからだ。

その問題点がはっきりしていない段階で、いきなり答えを求められても困るのである。

ただ、正直な話をすると、私自身は依頼を受けてからクライアントに会いに行くまでに、すでに会社のどこに、どんな問題があるかについて、「仮説」を立てていることもある。

この「結論仮説」については、後の章でもう少し詳しく解説するが、コンサルティングの経験を積む中で、**依頼を受けた段階で自然に結論仮説が自分の中に沸き起こってくる**ようになった。

ただし、いきなりそれをクライアントに開示することはない。まずはその結論仮説を検証するべく、情報収集を行う。その中で仮説が正しいと考えられるときもあれば、全く違っていることもある。

大事なのは、あくまでもクライアントと一緒になって問題点を探り、見つけ出すという姿勢を貫くことだ。

最上のコンサルティングは、あたかもクライアント自身が自分の力で問題を発見し、解決策を導いたように思わせることだと考える。

だからこそ、私はどんなに自分の中で結論仮説があってそれを確信していても、それを最初からは提示しないのである。

質のよいコンサルティングは「答え」をいきなり教えてくれるのではなく、まずは「考え方」を教えてくれるものである。コンサルタントを雇おうと考える企業も人も、ぜひそのことを頭に入れておいてほしい。

堀紘一氏の話を受けて、
企業の「真の問題」を見つけ出すことができる
コンサルの思考回路について、考えてみます。

津田久資

優れたコンサルタントの論理的思考力の本質とは？

コンサルタントの役割は、「**企業の真の問題を見つけ出すこと**」です。堀さんが本文で指摘していることは、まさにその通りだと思います。

会社の内部にいる人たちには、なかなか見えないことも、外部から客観的に見ることでわかることがあります。

コンサルタントは原因と結果、すなわち因果関係について徹底的に分析する癖がついています。

なぜ利益が思ったように上がらないか？　どうして新規開拓が進まないのか？

多くの人が原因だと考えていることの背後には、もっと本質的な原因が潜んでいることがあります。

それを見極める力を持っているのがコンサルタントなのです。

簡単に言えば、**コンサルタントは一般の人が明確には気がつかない問題や課題を発見することに長けている**人だということです。

この真の問題＝真の原因を見つける力は、いったいどこからくるのでしょうか？

経営に対する深い理解と知識でしょうか？　あるいは天才的な直感力でしょうか？　それらもあると思いますが、もっと根本的に大事なものがあります。それは「**論理的な思考力**」です。

論理的思考力があると何がいいのか？

たとえば企業の中で、「人材育成がうまくいかない」「新規開拓ができない」「発注ミスが多い」「売り上げが伸びない」という問題があったとしましょう。

一見すると、まったく別々の事柄ですから、ふつうはそれぞれの問題を別個のものとして対策を考えます。

しかし、**この別々に見える問題の根本に、一つの共通した原因＝真の問題が潜んでいることがあります。**

たとえば、社員同士の会話が少なく、「コミュニケーションが不足していること」が原因だということもあり得るのです。

コミュニケーションの機会が少ないので、上司が部下に教える体制ができていない。

コミュニケーション力がないので、新規開拓の際に顧客とうまくつながることができず、契約までに至らない。

しっかりと確認するという基本的なコミュニケーション力がないので、ミスが起きる……。

それらが複合することで、売り上げ増につながっていかないのだとすれば、**社員のコミュニケーション力を上げることで、複数の問題を一気に解決することができるわけです。**

つまり、表出している問題にモグラ叩き的に対応するのではなく、**それらの問題が起きるメカニズムを構造的に把握し、真の問題をあぶりだすこ**

図6 一流と二流のコンサルの「問題発見力」の違い

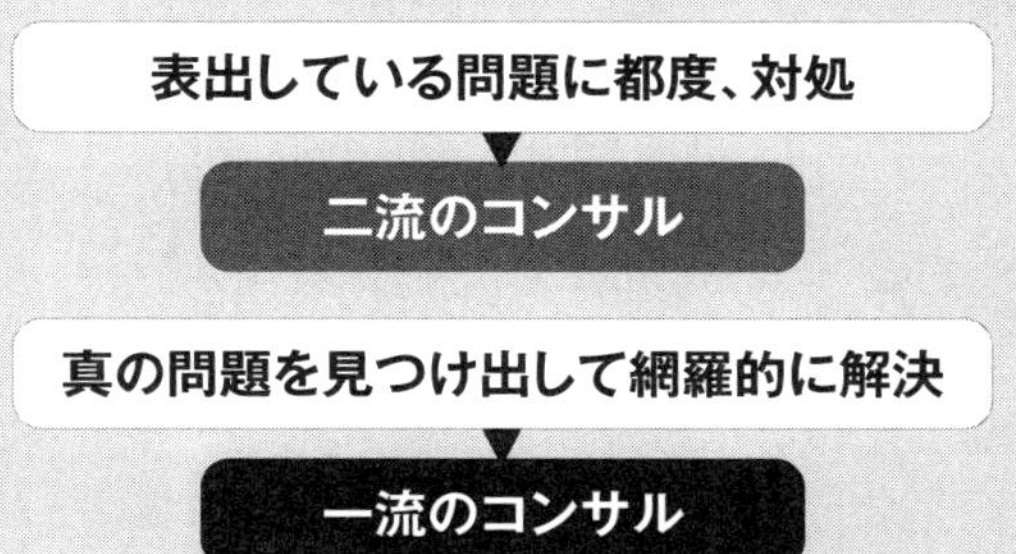

とが肝要なのです（図6参照）。

そうしなければ、一つの問題（モグラ）を叩いても、またどこからか別のモグラ（問題）が顔を出すでしょう。**大本を叩かない限り、永久にモグラ（問題）が出てくる**わけです。

逆に、より本質的な問題が発見できれば、それを改善することで、一気にさまざまな問題が解決でき、再発することもない、ということです。

「演繹法」と「帰納法」、コンサルがよく使うのは？

では、構造的に問題が起きるメカニズムを把握するには、具体的にどうすればいいでしょうか？

まずは現状をしっかりと認識するために、現場も含めていろんな人の話を聞くことです。同時に、さまざまなデータを集めることが肝要です。

その上で全体を俯瞰しつつ、いくつかの問題がどのようにして起きるか、そのメカニズムを解き明かしていく。するとその中で、おそらくこれが本質的な問題だという仮説が浮かび上がってくるのです。

あとは、それを検証し、証明していくという作業になります。

つまりコンサルティングとはあくまでも科学的な思考、すなわち論理的思考が基本となっているのです。

ちなみに、論理的な思考のパターンとしてよく上げられるのが、**「演繹法」**と**「帰納法」**の2つです。

以下に簡単に紹介しましょう。

論理的
思考法の
パターン①

演繹法

普遍的な前提から結論を導き出す論法

ご存じの通り、**「演繹法」というのは普遍的な命題（前提）から個別の命題（結論）を導き出す論法**です。

その一つが有名な「三段論法」で、A＝B、B＝Cならば、A＝Cである、というものです。

「すべての生物には死が訪れる。人間も生物の一種である。ゆえに、すべての人間はいつか必ず死が訪れる」

この三段論法のように、前提を積み重ねて結論を導く論法が演繹法です。

ちなみに、法律の世界では大陸法（イギリスを除くヨーロッパ）は演繹法です。

論理的
思考法の
パターン②

帰納法

個別の事実の積み重ねから結論を導き出す論法

一方、帰納法は**個々の事実（個別的な命題）を積み重ねていくことで、一つの結論（普遍的な命題）を導く論法**です。

たとえば、

・植物もいつかは枯れる
・魚もいつか死ぬ
・鳥もいつか死ぬ
・獣もいつか死ぬ
・人間にも死がある

それゆえ、生物には必ず死が訪れる（と考えられる）と結論づけます。

普遍的な論理性ということであれば、演繹法の方が強いと言えます。それはそもそも普遍的な命題を前提として考えるからです。

一方の**帰納法は、それに比べたら普遍性が低いと言えます**。個別の事実を集めても、それは決してすべてではありません。仮に例外が出てきたら、結論が覆ってしまうのです。

ちなみに、法律の世界では英米法は帰納法です。条文がなく、判例の積み重ねが法律になるのです。

私たちは意識する、しないに関わらず、日常の生活やビジネスでこの2つの思考法を実践しています。ビジネスにおける意思決定、業務策定などにもこれらの論法が使われています。

演繹法に頼りすぎるコンサルは力がない

ただ、コンサルタントの良し悪しという点で考えると、**演繹法にばかり頼っているコンサルタントは、あまりよいコンサルではない**と言えると思います。

　というのも、背景に隠れているような真の問題、新たな問題を発見するためには、帰納法が不可欠だからです。

　たくさんの個別の事実から、そこに潜む法則性を導き出す帰納法は、**まだ誰にも発見されていない企業の問題点を探り出すためには、必要不可欠な思考法**だと言えます。

　これが演繹法だと、すでにある命題を大前提にして考えますから、新しい発見や逆転の発想のようなものは生まれてきません（図7参照）。

　たとえば「**地方の小さな村で本屋を開業しよう**」と考えたとします。演繹的な理論でのマーケティングの場合、以下のように結論づけます。

図7　本物のコンサルを見分ける方法

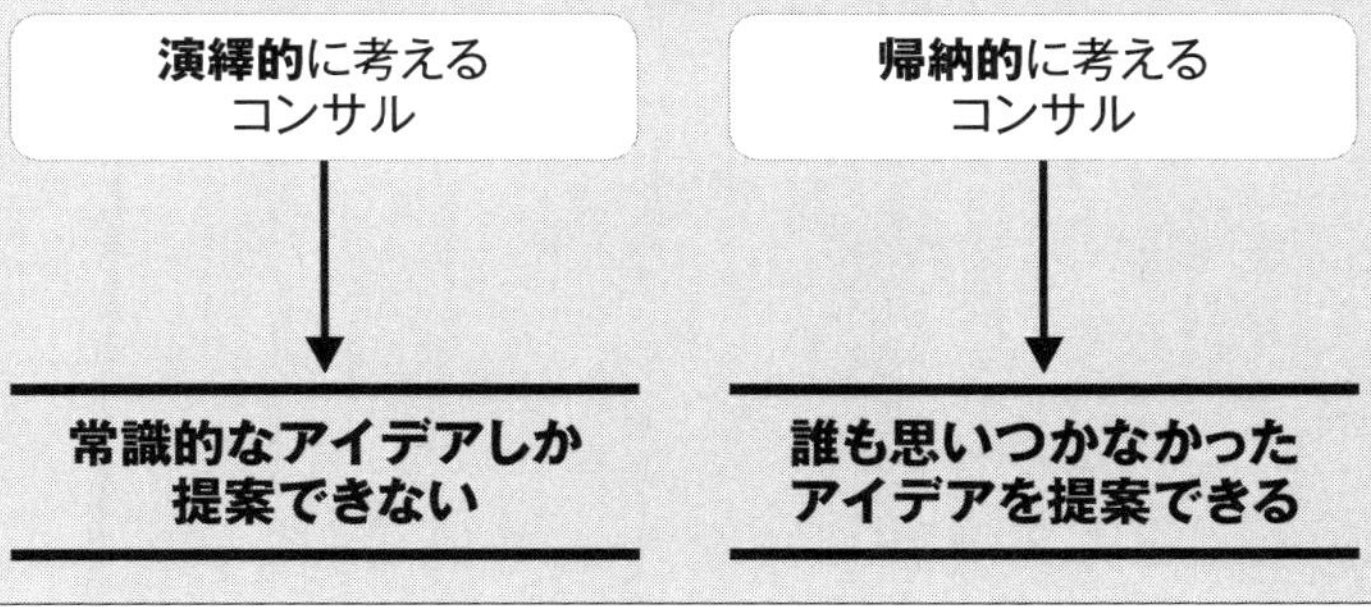
演繹的に考える
コンサル
常識的なアイデアしか
提案できない
帰納的に考える
コンサル
誰も思いつかなかった
アイデアを提案できる

・地方の小さな書店では小説やビジネス書よりも、コミック誌が圧倒的に売り上げが高いという法則（前提）がある
↓今度出そうとしているのは、地方の小さな書店である
↓であるならば、小説やビジネス書を置くよりも、コミック誌を置く方が利益が出やすい（結論）

これを帰納法的に考えると、違う結論になる可能性があります。

・地方の小さな書店でも、売れている小説やビジネス書がある
・売れているのは、映画化やドラマ化されたり、漫画化された小説やビジネス本
・最近、ネット上で地方の変わりダネの小さな書店がしきりに取り上げられている
↓いっそ映画や漫画の原作となった小説やビジネス本に絞った本屋にした方が、差別化できて、話題にもなるから面白いのではないか（結論）

演繹法は、これまでにある普遍的な命題や法則、公式やデータなどを前提として論

を展開するので、そこから外れたものは考慮されることはありません。論旨は明快ですが、**新しいものや挑戦的なもの、すなわちクリエイティブな発想にはならない**のが特徴です。

それに対して帰納法は、さまざまな事実を積み上げていきます。その中には例外的だったり、常識とはかけ離れたものもあるかもしれません。

ただし、**その例外の中に世の中の流れを変えたり、多くの人が思いつかなかったアイデアのヒントなどが含まれていたりする**のです。

クリエイティビティは帰納思考から生まれる

堀さん自身も何度もこの本の中で、コンサルタントはクリエイティビティこそが大事だと言っています。

そのクリエイティビティは演繹的な思考ではなく、**多くの事実を積み上げて検証する帰納的な思考から生まれてくる**と考えてよいでしょう。

既存の知識や情報を羅列し、フレームワークのような形の中に当てはめるだけのコンサルタントがなぜダメかというのも、この話の中で再確認できるのではないでしょうか。

ただし、A→B、B→C、C→D……よってA→Zというように、すでにある法則を積み重ねて演繹的に考える場合も、その組み合わせがクリエイティブであれば、新しいアイデアを導くことができるかもしれません。

しかしビジネスにおいて、クリエイティブな発想のいわば部品となる法則がつねにそろっているかというと、そういうケースは少ないはずです。現実は、大学入試の数学の問題とは違うのです。結局は新たな法則性を見つけ出さねばならず、帰納的な思考は必要となるでしょう。

ちなみに、私はBCGに移ったとき、コンサルタントという仕事になかなか馴染むことができませんでした。

その理由を考えてみると、この演繹か帰納の違いに行きつきます。私は法学部の出身です。法学部は論理性を養うところといわれていますが、それは基本的に演繹で考えることを意味します。法律や判例という、いわば法則に具体的事例を当てはめて答えを出すことを学ぶわけです。

この考え方に慣れてしまうと、ものを考えるときは演繹的に思考するクセがついているので、ＢＣＧのコンサルタントたちが帰納法的に考えているのを見て、「**こんないい加減な論理構成で結論を出してもよいのだろうか……？**」と思ったものです。

当時、同じ東大法学部出身者の多くが、私と同じように馴染めない感覚を抱いていたようです。

ところが、例外もありました。当時ＢＣＧのナンバーワンだった堀さんとナンバーツーの井上猛さんです。

２人も同じ東大法学部出身でしたが、私と違うのは、法学部の政治学科出身だったことです。

当時６３０人ほど在籍した法学部生の中でも、70〜80人しか進学しない政治学科（成績は無関係）で学んだことが関係あるのではないかと私は考えています。

というのも、政治学科では他の私法学科や公法学科と違い、演繹的ではなく、帰納的な思考が必要だったのではないかと思うからです。

それゆえにお二人は、違和感がなくコンサルタントという業務に馴染めたのだろうと私は考えています。

話を戻しますと、すでにある法則を大前提にして、それに事実を入れ込んでいるうちは、新しい問題や法則などを発見することはできません。

すなわち、クリエイティビティに溢れたコンサルティングを実現することは不可能なのです。

徹底して論理的であり、その中でもとくに帰納法的な思考を駆使することができるコンサルタントが、クリエイティブな優れたコンサルタントだと言えるのです。

人材は自分の頭で考えてはじめて育つ

帰納法的な思考ができるコンサルタントは、コンサルティング会社にとって宝です。

しかし、そういう人材は簡単には得られません。

堀さんも話していたように、ハーバードでＭＢＡを優秀な成績で取得した人物が、コンサルティング・ファームに入ったとしても、７年後に残っているのは７人に１人しかいません。

最近はそれがずいぶん甘くなっているとはいえ、やはり厳しい世界であることは変わらないのです。


では、そういう人材をたくさん育てるにはどうすればいいのか？

堀さんはもちろん、私の時代はコンサルティングの仕事は、上から教えてもらうというようなものではありませんでした。

研修というようなものはなく、とにかく先輩のコンサルタントについて、実務実践の中で学んでいくのです。

教えてもらうのではなく、盗むものだという考え方は、職人の世界と通じるものがあるのではないでしょうか。

その中で毎週、「ケースミーティング」というのがあって、1週間で自分が研究したり、学んだことをチームメンバーの前で発表する会があります。そこでケースリーダーと呼ばれるコンサルタントが、それは違うとか、そこはこうした方がいいというようなアドバイス的なものを送るのです。

このケースミーティングは極めて実践的なものであり、唯一、研修的なものともいえるかもしれません。

ただし、これもかなり厳しいもので、堀さんが話をしていたようなグラフを何十枚も書いていくと、ケースリーダーがざっと見て、「はいダメ」「これもダメ」とどんどん捨てられて、50枚ぐらいのうち残るのは2、3枚程度。なぜダメなのかの説明も、ほとんどなかったりするわけです。

一見理不尽に思えますが、私自身は自分で考える癖が自然とついてしまったと思います。さすがに現在は、もう少し研修や教育をやっているかもしれませんが……。

いずれにしても、このような中でコンサルタントは自分のオリジナルのコンサルティングの手法を確立していきます。それゆえに、人材こそが大事であるということなのです。

どんなデータベースを検索しても出てこない

人材が1つ目の「宝」だとしたら、もう1つの宝は「**ナレッジマネジメントされた蓄積情報**」です。

とくに古くからあるコンサルティング会社は、これまでのコンサルティングの事例がデータベースのように蓄積されています。

だからある事例を担当したら、過去に似たような事例をパソコンなどで検索します。するとと何社分かのデータがスッと出てくるようになっているのです。

この事例があれば、仮に若いコンサルタントでも、**どのようにコンサルティングを進めればよいかある程度わかる**でしょう。もちろん、何度か触れているように、事例をそのまま当てはめるようなことはできませんが。

知的管理がしっかりとされているということが、コンサルティング会社の強みであり、コンサルタントの武器でもあります。**このような情報は他のどんなデータベースを検索しても出てこないのです。**

個性が豊かで才能に溢れた「人材」と、膨大な過去のコンサルティングの「データ」。この2つがそのままコンサルタントを雇うことの効用につながっているのです。

第3章

Chapter 03

企業を変えるコンサルタント7つの条件

力のあるコンサルタントは地頭がいい

コンサルタントにとって必要な能力は、前章でお話ししたように「論理的思考」と「クリエイティビティ」だ。

これをもっと簡単に言うと、「**地頭の良さ**」ということになる。

これまで、いろんなコンサルタントを見てきて思うのは、一人前のコンサルタントとして認められる人たちは地頭がいいということだ。

地頭の良さとは、「勉強ができる」というのとは違う。ましてや学歴でもない。言ってみれば、生まれ持っての頭の良さということになる。

ちょうど野球の選手で言うところの、地肩の強さのようなものだ。ある程度まではトレーニングや投げ方を変えれば球は早くなるだろうが、限界がある。

誰もが訓練したからと言って、メジャーリーガーの大谷翔平のように時速160㎞の速球が投げられるわけではない。

私自身、これまで仕事柄多くの経営者や事業家に会ってきた。中には中卒や高卒という学歴の人もいた。しかし、成功している人はおしなべて地頭がいいのは共通していた。

彼らは専門の経営知識はないけれど、私の説明を聞いて何が重要なポイントであるかはしっかりと、かつ短時間で理解していた。

日本人が1年間に使うトイレットペーパーの長さは？

聞いた話だが、作家の芥川龍之介が、ある人に問題を出されたそうだ。それはこういう問題だ。

いまちょうど地球の赤道上にぴったりと1周して張り巡らされたロープがある。このロープをいくらか長くして、地表からちょうど1メートル浮かせた形で1周させたい。いったい、どのくらい長くする必要があるか？

芥川龍之介は一瞬考えて、ニヤリと笑って正解を答えたそうだけれど、読者の皆さんはどう答えるだろうか？

赤道の長さは約4万キロメートルだ。そこから1メートル浮かせるわけだから、相当の長さを加えないといけない。そんなふうに考えてしまうのではないだろうか？

でも、じつは赤道の長さ自体は関係ないというのがヒントだ。

答えは6・28メートルなんだけれど、**大事なのは答えを導く考え方だ。**そこには論理性が必要になる。芥川は旧制一高から東大の秀才だけど、たんなる勉強秀才じゃなく、地頭がいいというのがこのエピソードからもわかる。

かつて私が創業したコンサルティング会社のドリームインキュベータの監査役をしてくれた早稲田大学のビジネススクール教授の相葉宏二さんという人物がいる。彼が考えた採用問題も面白かった。

「日本人が1年間に使うトイレットペーパーの長さはどれくらいか？」というものだ。いきなり問われた学生は戸惑ったと思う。

たとえば、1人が1日に使うおよそのトイレットペーパーの平均の長さを推理し、

1年分の長さを算出する。それに日本の人口を掛ければ答えが出る。あるいは国内のトイレの個数を出して、そこから推論する人もいるだろう。

この問題も正解を出すのが目的ではなく、どのように考えるか。つまりは、地頭の良さを問う問題だと言っていいと思う。

皆さんはどうだっただろうか？

いずれにしても、論理的な思考力があれば、いろんな方法を自分の頭の中で考えることができる。この力がなければ1人前のコンサルタントにはなれない。

つまり、学歴などではなく、**地頭が良くなければ、企業の役に立てるコンサルタントにはなれないということだ。**

この章では、このような地頭の良さを大前提として、会社を変えることができる問題解決力のあるコンサルタントの条件を挙げ、それぞれ解説していこうと思う。

問題解決力のあるコンサルの7つの条件

その条件とは以下の7つだ。

条件① 業界やクライアントについて勉強する力
条件② 結論仮説を立てる力
条件③ 現場・現物・現実に向き合い、「原石」を発掘する力
条件④ 会社の長所を見つけ出し、伸ばす力
条件⑤ クライアントの懐に深く入り込む力
条件⑥ 相手に理解させ、納得させる力
条件⑦ 過去を振り返り、将来を見通す力

すでに前章で軽く触れているものもあるが、再度詳しく解説していきたいと思う。

問題解決力のあるコンサルの条件①

業界や
クライアントについて
勉強する力

コンサルタントというものは、依頼してくれたクライアントのことはもちろん、その業界全体のことをまずよく勉強し、しかるべき知識や情報を身につけなければならない。

でも、これがじつに大変なのだ。

たとえば半導体のメーカーなら半導体について、自動車メーカーなら自動車について、銀行なら銀行の業務について、かなり突っ込んで知っておく必要がある。会社のことはもちろんだが、業界全体のことも知っておかねばならない。

たまたま大学などで学んでいた業界など、いわゆる土地勘のある業界なら助かるのだが、まったく知らない業界を担当することがほとんどだ。

しかも通常のコンサルティングは数カ月で終わって、また別の全く違った業界の会社を担当する。

学ぶべきことの奥行きはいくらでもあるわけで、しかも時間は非常に限られている。

関連書籍や基礎的な資料、新聞記事などを読み込み、膨大なデータや情報を頭の中にインプットしなければならない。

車のエンジンの構造などを勉強し出したら、それこそ最低1カ月くらいは勉強しなきゃいけない。

ホンダのコンサルティングを引き受けたとき、私はほとんど自動車のことも機械工学のことも知らなかったが、エンジンはもちろん、シャーシやタイヤ回り、サスペンションなど、車の各部品と構造を必死になって勉強した。

おかげで、ホンダと他社の違いがはっきりわかったことがあった。ホンダには当時、**ちゃんとした「部品表」というものがなかった**のだ。

部品表とは、その会社で作っている車の部品をすべて表にしたものだ。

ホンダは各車ごとに部品をそれぞれ別注していて、本来は同じ機能だから同じ部品としてまとめられるものも、車種ごとに違っていたのだ。なんと全体で50万点もの部品を作っていた。

他の会社では、同じ機能の部品は車種を超えて統一していたから、金型も少なくて済むし、コストも安くなる。

ところがホンダには全体を網羅した部品表がないから、このようなロスが起きる。部品表があれば、「これは同じ部品でいけるのではないか?」というのがわかるはずなのだ。


実際、私たち(4輪研究所とBCG)はホンダ以外に、トヨタとマツダの同じクラスの乗用車を解体して、数万点の部品を並べてみた。

当時、研究所のトップだった川本信彦さんと話をして、**ホンダは1台当たりのコストが他社よりも高いと気づいた。**それを実証するために、各社の車の部品を分解して調べてみようということになったのだ。

茨城県にあるホンダの真岡工場に大きいテントを何枚も張り、3社の車の部品をズラリと並べた。そこに本社から会長、社長、副社長、専務、常務にわざわざ出向いてもらった。

各社の自動車の部品を見てもらうことで、ホンダの部品が他社の部品とどう違うのかを、はっきりと見てもらいたいと思ったからだ。

案の定、ホンダの部品の種類数は他社より断然多く、「**まず50万点の部品表を作るところから始めないと、共通部品を使ってコストを安くすることはできませんよ**」と私は指摘した。実際に車を分解して調べた上での指摘だから、経営陣も納得せざるをえなかった。

いずれにしても、自動車メーカーの経営陣から現場の人たちまで、説得力のある提案やプレゼンを行うには、機械の構造から製造工程、流通形態まで幅広くかつ詳細に知っておかねばならない。

自動車メーカーに限らず、どんな会社であろうと同じだ。

コンサルティングを引き受けた限りは、まずは短期間でその会社や業界の膨大な情報と知識を学び、吸収する必要がある。卓越した学習力がコンサルタントには求められるわけだ。

問題解決力のあるコンサルの条件②

結論仮説を立てる力

コンサルを引き受けた時点で、結論に対する「仮説」を立てることは何度か述べた。「結論仮説」の重要性について、ここでは、より具体的な話をするため、先ほどのホンダの事例をお話ししよう。

じつはホンダのコンサルティングを引き受けた時点で、すでに私の頭の中で１つの仮説が、おぼろげながらだがうごめいていた。

ホンダがボストン コンサルティング グループ（ＢＣＧ）に依頼してきたのは言うまでもなく、競合他社との競争においていかに優位に立ち、シェアを伸ばすかという大目標があってのことだ。

そのためには、車の製造コストを下げることが肝要だ。おそらくだが、**そのコストダウンに立ちはだかる障害は、じつはホンダの強みとされている社風にこそあるのではないか？**

ホンダの強みと言えば、職人的なこだわりである。日本の自動車会社として唯一、Ｆ１に参戦し、成果を挙げていた。

レーシングカーは、それこそ職人的な技術者集団による、技術とノウハウの結晶によって生まれる。

そのこだわりが他の社にはないホンダの特徴だった。ただし、**こだわりがあるほどコストがかかってしまうのが常だ。**

強みとされている部分に、じつは経営としての弱点がある。おそらく部品にしても、工程にしても、こだわりが強いだけに、他社よりも複雑でコストがその分かかっているに違いない。

そんな話をそれとなく川本さんにぶつけると、川本さんが思いのほか強く反応した。なるほど、確かにそうかもしれない。いったい、どこがどのようにコストがかかっているか？　２人で侃々諤々、いろんな話をした。

「堀さん、同じ部品でも素材が違うだけでコストが違うよ」と。また、「同じ部品でも、穴を３つ開けるか４つ開けるかでもコストが変わってくるよ」と。

そんな話を川本さんから聞いているうちに、「川本さん、そういう事例をたくさん集めて、どれだけホンダがコストが高いか具体的に調べてみようよ」と提案した。

その結果、**1台あたり7万円も、ホンダは他社よりもコストが高いことがわかった。**

面白かったのは、マツダの車を買ってきて、寝転がって車体の下を覗き込んだときのことだ。

4つのタイヤの近くに、それぞれコイル状になって巻かれている部品があったのだが、その先端がしっかりと切られておらず、だらしなく3センチくらい伸びたままになっていた。

「これ、ちょっとずさんじゃない？　いい加減な仕事してるなぁ」と私は思った。

しかし、すぐにこうも思った。

「いや待てよ、ホンダの車はきれいに根本で切られていて、丁寧な仕事をしている。**でも、3センチ伸びていて走行に何か問題があるのか？**」

川本さんに聞くと、「いや、とくに問題はない」という。

そこで気がついた。仮にホンダがやっているようにきれいに仕上げると、チョキンと切るだけ工程が増える。1台当たり4か所で、その時間が5分かかったとして、何万台に及んだら大変な時間になる。

それがすべてコストに跳ね返ってくる。

「ホンダは丁寧な仕事をしているけれど、**中には省略して何の問題のない工程が他にもきっとあるはずだ。**それを調べてみようよ」と、川本さんも本腰を入れ始めた。


正直な話、当時の私はコンサルティングにおいて「結論仮説」というものを強く意識していたわけではない。

ただ、いまにして思えば、自分の中で**きっとこんな問題があるはずだという予想を立てていた**と思う。

川本さん自身も、まさに同じ問題意識を最初から持っていたからこそ、2人が話し合う中で化学反応的に議論が深まっていったのだろう。むしろ、結論仮説を強く持っていたのは川本さんの方だったのかもしれない。


いずれにしても、もし私の中に仮説が全くなく、川本さんに対して漠然と「御社はどんなコストダウンをしていますか？」と投げかけたとしたら、どうだっただろうか？

おそらくだが、**話は通り一遍のもので終わって、白熱することもなかっただろう。**

当然、このような大掛かりな調査にはなっていなかったはずだ。

結論仮説がいかに大事であるかが、わかっていただけたと思う。

仮説を立てることができるコンサルタントこそ、会社を変えるコンサルタントだということができるのだ。

問題解決力のあるコンサルの条件③

現場・現物・現実に向き合い、「原石」を発掘する力

ホンダの話が続いたけれど、実際、当時私はBCGのコンサルタントとして仕事を始めたばかりであり、ホンダを担当して学んだことはじつに多い。

私自身、自分のキャリアを築き上げた場所は3つだと思っている。まずはハーバード大学であり、次がBCGであり、3つ目がホンダだ。

ハーバードやBCGで学んだコンサルティングの方法論は、いってみれば完全に米国流だ。ただし、その米国流がそのまま日本企業に当てはまるかどうかは、当時は未知数だった。コンサルティングがようやく日本で認知され出したばかりだから、私自身、手探りで日本でのコンサルティングの形、やり方を模索していたと言える。

その意味で、キャリア3本目の案件がホンダだったことは、幸運だったと思っている。前述した川本さんと一緒に車を分解した話のように、私はホンダから日本流のコンサルティングのあり方を学ばせてもらったと言っても過言ではない。

その1つが「**三現主義**」という考え方だ。

三現主義とは、「**現場・現物・現実主義**」ということ。現場も現物も現実も、あくまでも事実の世界のことだ。そこには理想だとか理念、イデオロギーのようなものは一切介入しない。

かくあるべしというような視点ではなく、あくまでも事実だけを追っていく。その姿勢を教えてくれたのがホンダという会社だった。

その結果として私のコンサルティングのモットーとなったのが、「**正解はその会社のどこかに必ず転がっている**」というものだ。

現場に足を運び現場を見て、現場で働く人たちの話を聞く。すると、そこに会社を変える「原石」が転がっているのだ。

原石は得てして、メジャーなところには転がっていない。本社の課長や部長、まして経営陣から話を聞いても、そこに原石は見当たらないのだ。

では、どこに転がっているか？　営業や工場のいわゆる現場の人たち、それから販売店や部品業者、納入業者といった周辺にいる人たち、そういう人たちが会社の問題点や課題を考える上で、最高のヒント＝原石を与えてくれるのである。

「最近、納入の回数を減らせって言われて、一度にたくさん運ばなきゃいけないから大変なんだ」とか、「やたらと似たような部品を作れと言われて、金型造るだけで忙しいんだ」とか、「最近店に顔を出す層が変わってきたように感じる」とか、ふと漏らした彼らの言葉の中に、その会社の本質的な問題が潜んでいる。

それだけでは、もちろん原石はダイヤモンドにはならないけれど、**コンサルタントの仕事は原石を発掘し、それを磨き上げることで有力な仮説にする**ことだ。

そこからさらに仮説を検証しながら、事実を収集し分析することで、会社の真の問題を明らかにして、解決策の発見につなげていく。

「堀さん、すごいことに気がつくねぇ」と経営陣などに言われると、「いや違うんです、これはお宅の社員から教わったんですよ」と答える。相手は驚いて目を丸くするけれど、実際、**答えの8割方は現場で働いている社員から教わっている**ようなものだ。

とにかく現場を見て、現物と現実に向き合う。これはまさにホンダの社風であり、ホンダから教わったことだ。ただし、残念ながら「三現主義」で原石を発掘するコンサルタントは多くはない。**多くのコンサルタントは原石を磨く技術は持っている。**しかし、原石だと気づく力を持っているコンサルタントは少ないのである。

問題解決力のあるコンサルの条件④

会社の長所を見つけ出し、伸ばす力

会社を良くするには、その長所を伸ばす方法もあるし、欠点を改善する方法もある。もちろん、その両方ができれば一番良いのだろうが、私自身のコンサルティングを振り返ると、長所を伸ばす方が多かったと感じている。その方がやっていてやりがいがあったし、実際に効果も上がったと認識している。

私にそれを教えてくれたのが、堀場製作所の創業者、堀場雅夫さんだ。計測機器大手の堀場製作所のモットーは、「**おもしろおかしく**」だ。なんと素敵なモットーだろうか。

仕事は本来、面白いものだ。確かにそうなんだけれど、厳しい競争を勝ち抜いていかなければいけないから、そうも言っていられないときの方が多い。

堀場さんは、そんな厳しい経営を一方で強いられながら、働くことの楽しさ、面白さを追求し続けた。

私は若い頃はずいぶんかわいがってもらったけれど、その中で自然とその考え方に薫陶を受けたと思う。

やはり仕事は面白くなければいけない。それには、短所ばかりに目を向けるのではなく、長所に目を向ける。**自分の強みを知ってそれを伸ばすことは、それだけで仕事は楽しく面白いものになると思う。**

全く話は違うかもしれないけれど、あるとき飛行機に乗っていたら隣にある大企業の社長が座った。当時はファーストクラスも仕切りがなかったので、隣の人と話すことができた。海外へのフライトで10時間以上も一緒だから、ついついいろんな話になる。その人が、「私の次男坊がデキが悪くて困る」と言う。長男は会社を作って上場させるくらい優秀なのに、と。しかし次男は勉強が嫌いで、日本の大学は受からないから、お金持ちがよくやる手だが、アメリカの大学に留学させた。ところが学校も行っていないようだし、本当にダメなヤツだと嘆いていた。

私は「一度、私のところに彼を寄越してみてください」と伝えた。その後、次男坊と一緒に飯を食べに行った。いろいろ話しているうちに、彼は泣き出した。いろんな思いが募ったのだろう。父親は自分をダメ人間扱いして話もしてくれないし、母親は父親についていて、自分の味方になってくれない。

彼はきっと誰にも相談できず、1人ぼっちだったんだと思う。そこに、私のような話を聞いてくれる大人が現れた。地球上で、ただ1人の味方が出てきたわけだ。それですっかり私に懐いてしまって、「おじさん、今度僕の彼女に会ってくれないか」と言ってきた。

「もちろんいいよ」と言ったけれど、どうせ本人と似た者同士の女の子だろうと思っていたら、なんとしっかりとした女医さんだった。一緒に飯を食いながらいろいろ話をしたけれど、頭はいいし、性格もいい。立ち振る舞いや、雰囲気も素晴らしい。

そこで次に親父さんと飯を食ったときに、「女医さんとつき合ったことある?」と聞くと、ないという。じつはあなたのデキの悪いという次男は、女医とつき合っていると教えた。

だいたい私も女医の口説き方なんて知らないし、つき合ったこともない。**私は自分のできなかったことをやっている人間は素直に尊敬する。**まずはそこの部分だけでも、息子さんの見方を変えたらどうかと伝えた。

親父さんはうーんと唸っているから、「次にもっと大事なことを話すよ」と畳みかけた。その女医さんは、私が見た限りはきわめて全うで立派な女性だ。彼女は、あなたの息子に見どころがあるからつき合っているのではないのだろうか。

言い寄ってくる男はたくさんいるはずだ。その中には高学歴で、役所や銀行に勤めているようなエリートもいるだろう。息子がどうしようもない男だったら、彼女はとっくに別の男に走っているんじゃないの？

私は2、3回しか彼に会っていないけれど、そう思う。あなたこそ、20年以上息子とつき合ってきているじゃないか。**息子のいいところを私に教えてもらう前に、本当はあなたが私に教えてくれなければおかしいじゃないか**と言った。

それで次に会うまでに、親父さんに自分の息子のいいところを挙げてきてくれと言ったら、その親父さんも真面目だから次男坊のいいところを箇条書きにして書いてきてくれたんだ。

「なんだ、こんなにいいところがあるんじゃないか！　最初に会ったときにあいつはろくでもなくて、いいところが何もないんだって言ってましたよね。あなたも人を見る目がないですね」。

もう完全に私のペースだ。別に、私はたんなる自慢話をしたくて、この話をしたわけではない。じつはこの一連のやり取りに、コンサルタントとしての見方だとか、ノウハウがあると考えている。

つまり、どんな会社でもある程度生き残っている会社なら、いいところ＝長所が必ずあるはずだ。まずはそれをしっかりと認識することが大事ということだ。**得てして人は、欠点ばかりに目が行き、自分たちの良さに気がつかない。**悲観的で後ろ向きの思考からは、けっして良い発想や行動は生まれないだろう。

まずは自分たちの強みや長所を認識することが先決なのだ。その際、**他者から指摘されたり、教えてもらうのではなく、自分で考えることが大事だということ。**それは個人でも企業でも一緒なのだ。

問題解決力のあるコンサルの条件⑤

クライアントの懐に深く入り込む力

どんなに頭脳が優秀で、感性が優れていても、それだけでは本当に優れたコンサルタントになれない。もう1つ大事な要素があって、顧客――中でも経営者と仲良くなれる技術が高くないと、本当に優秀なコンサルタントにはなれないと思う。

ハーバードで習ってきた経営学の知識は不可欠だけど、それだけでは絶対に無理だ。なぜなら、コンサルティングとは**生身の人間同士の話だから。**

お互いに本音で真剣に向き合う。相手もそれこそ百戦錬磨で、たくさんの人間を見てきているから、目は肥えている。コンサルタントがどれだけの人間か、ああいう人たちは直感で瞬時に見極める能力がある。

生半可な気持ちで向かっていれば、すぐに見抜かれるだろう。彼らの判断は早いから、そうなればそれ相応のつき合いしかしてくれなくなる。

逆に、本当に真剣になって向き合う相手を見抜くのも早い。**こいつは見どころがあるとなれば、とことん胸襟を開くし、自分のすべてをさらけ出す。**そうなると、私ももらっている対価に見合うかどうかなど、どうでもよくなる。そんな瞬間が味わえる仕事が一番面白い。

ホンダでオートバイの分野を担当していたとき、その収益体制を調べるために千葉県のある市の50数軒の販売店を4人で手分けして調査したことがある。その中で私は、併売店に注目した。併売店とはホンダだけでなく、ヤマハやその他のメーカーなどいろいろ揃えて売っている店だ。

その中に、比較的大きな併売店があった。どうしてもその会社の収益性がどうなっているかを知りたかった。

訪ねてみると、そこの社長が忙しいと言うので、外で待っている間に玄関先にあったヤマハのオートバイを全部車庫に入れ、代わりにホンダのオートバイを出してきて磨いていた。すると、そこに社長が来た。

「お前、何しているんだ！」と言うから、「社長がなかなか会ってくれないから、ちょっといたずらをしていたんです」と返した。

名刺を出すと、「お前はホンダの社員じゃないな？」「はい、経営コンサルタントです」「ほう、コンサルタントってそこまでやるのか？」

変わったヤツだと思われただろうが、**こちらの真剣さは伝わったようで、いろいろ**

話しているうちに仲良くなった。

次の日も、またその会社に行くと、社長に「また来たのか?」と言われた。そこで、思い切って切り出した。

「オタクの帳簿をすべて見せてほしい。併売店の収益性を知りたいのです。それがわかれば、どうすれば併売店にもっとホンダを売ってもらえるかが見えてくるはずだ。マージン体系を整えることで、併売店も収益が上がる方法を見つけることができる。**お互いウインウインになれるはずだ**」と伝えた。

ここは勝負をかけるところだと思い、嘘偽りなく目的を話した。もし見せてくれたら、オタクの経営の改善点を無料でコンサルするよとも提案した。

結局、その後丸2日間、すべての帳簿を見せてもらうことができた。数字をしっかりと見ることができる人間を店に連れて行って、収益性がどうなっているかを掴むことに成功した。

さて、次はこちらが約束を果たす番だ。夕方から幹部を10人くらい集めてもらって、スライドを使ってのプレゼンだ。

販売店の収益体制と、どうしたら収益を伸ばせるかについて、私なりの分析を披露した。こちらはそれが専門だから、お手のものである。

途中からはスライドが変わるたびに、もう拍手、拍手の連続だった。彼らは薄々、自分たちの会社の収益体制がどうなっているかを感じていたのだろう。だが、そうやって数字やグラフで示されたことはない。まさに、腑に落ちる内容だったのだと思う。

「ほら、**グラフだとこうなっているでしょう。だからこのマージンでこの台数以上を売ると、競争相手のバイクを売るよりずっと儲けになるよね**」と説明した。

社長も感激してしまって、よし、明日から第一線にはホンダのバイクを並べろと幹部たちに号令をかけた。それで2人で晩飯を食べた後、横浜の関内の高級クラブに連れて行ってもらって接待を受けた。彼なりの感謝の表現だったと思う。余談だが、横浜の高級クラブに行ったのは後にも先にもこのときだけだ。

ちなみにその社長は中卒で、学問こそなかったけれど、店を大きくするだけあって地頭がよかった。

経営学の素養はないものの、グラフや数字を見てしっかりその意味を理解していたのだから。

「堀さん、年に1回プレゼンをやってくれないか」と言うのだが、さすがにそれは難しい。だけど、たまに飯を食いながら、悩みがあったら言ってくれれば、その場でタダで答えると約束した。実際に、その後何回か飯を食べてタダでいろいろアドバイスした。

どうも私自身、つき合いが深くなると、対価関係なく、とことんつき合う癖がある。でもそれがあるからこそ、普通のコンサルタントではできない、突っ込んだコンサルティングができるのだと思う。

会社を変えるコンサルティングとは、そのように相手の懐にどれだけ食い込むことができるかが、大きな分かれ目になると思う。

問題解決力のあるコンサルの条件⑥

相手に理解させ、納得させる力

条件⑤の最後のところで、併売店の店長にアドバイスして感激してもらったというエピソードを話したけれど、まさにそれに関連するポイントとして、「相手に理解させ、納得させる力」というのがある。

どんなに本質を突いたコンサルティングであっても、**その説明が難解で、相手に伝わらなければ意味がない。**

コンサルタントが必要とされている能力の中で、相手に上手に伝える能力＝プレゼン能力は、最も重要な能力の一つだと言って過言ではない。

得てして頭脳優秀で、天才肌のコンサルタントに多いのだが、**自分のコンサルティングのスタイルや理論に酔ってしまい、独りよがりのプレゼンになってしまうことがある。**相手が見えていないのだ。

以前、私はある生命保険会社の「営業の天才」と呼ばれる女性から直接話を聞いたことがある。もういまから40年くらい前になるけれど、当時で年収が3億円という伝説的な営業ウーマンだ。

私は営業力の違いをはっきり認識するため、保険会社に頼んで**成績がトップの2人、普通の成績の2人、成績の悪い2人**を紹介してもらって話を聞いた。

すると わかったのは、成績の悪い人は保険商品の持っているメリットも理解していないし、買う人が何を欲しがっているかも理解していない。研修で教わった説明で、自分の学校時代の友人だとか親兄弟、親戚に売りに行く。自分の周りに売り切ってしまうと、もう営業力がないからそこでストップする。

それに対して普通の成績の営業の女性は、自分のところの商品のことはもちろん理解している。それだけでなく、さらに競争相手の商品も知っている。その2つを比較して、自分のところの商品の良さをアピールすることができる。

ただし、**欠けているのは買う人が何を欲しているか、どうして保険を必要とするか、その本質的なところまでは理解していない**のだ。

では、凄腕の営業の女性はどうか？　お客さんが何を欲しているかを理解して、それに合わせて話を展開することができている人たちだった。

ごく簡単に言えば、**相手の不安を解消してあげる**ということ。誰でも生活にさまざまな不安を持っている。保険とは、その不安を解消させる商品だということを知っているわけだ。

「あなたの家の年収って、いまこれくらいでしょう？　ご主人がいま元気だからいいけれど、もしご主人がガンになって入院したらどうなる？　収入はこれだけ減って、治療費がこれくらいかかる。子どもがいて教育費もかかるとすると、家計はもう破綻でしょう？　それでいいの？　でもこの保険は月にこれだけ払うだけで、不安は解消されるのよ」と。

「え？　でも毎月これだけかかるんですか？」と相手が渋っても、「お金がかかるのが大変なのはわかる。でも、あなたの一番大事なものって何なの？　家族でしょう？　その一番大切なものを守るなら安いものだと思わない？　あなたの大事な息子や娘さんのためじゃない。はい、ここにハンコを押しなさい！」

かなり端折って簡単に言っているけれど、要約すればこんな感じだ。要は、言葉は悪いけれど、**安心を買うという保険の本質をよく理解している**のだ。

まずは、保険を買う人の不安がどこにあるかを探る。そして相手がその不安からどうやって逃れたいと考えているかを察知し、それに沿って上手に誘導していく。話を聞きながら、私自身もなるほど、保険商品とはこういうもので、その営業とはこういうものなのだと理解できた。

私は保険商品のロジックをそのまま信用することはないが、成績優秀な営業ウーマンのロジックは大いに参考になった。

つまり、本当の営業力とは**商品を売りつけるのではなく、相手の欲しているものを理解し、それに合わせてプレゼンをする力なのだ。**

このことは、コンサルティングにもそのまま当てはめて考えることができる。

持論や持説を一方的に展開するのは、二流三流のコンサルタントがやること。

一流のコンサルタントは、相手が何を欲しているかをまず理解する。

その上で、相手の欲求に沿って、自分の分析と結果に基づいた経営戦略をわかりやすく提示する。

あとは細かい話だが、プレゼンにおいて自分の中で、**これで決着させるというスライドを、だいたい2枚くらいに絞っておく**といい。そのスライドまでに話を盛り上げ、一気に結論で決めるという流れを頭に描いておくのだ。

いわばプレゼンのクライマックス。この段階で、会場にいるクライアントの面々から万雷の拍手を浴びるというイメージを描くのだ。

イメージが描けていると、不思議とうまくいくものだ。ところが、自分が想像していたところとは全く違うポイントで拍手が起きることがある。嬉しい誤算だが、後で振り返って、なるほどクライアントはこういうことを求めていたのだという気づきをもらうことができる。

いずれにしても、つねに相手を意識したコンサルティングができるかどうかが成否の分かれ目なのだ。

問題解決力のあるコンサルの条件⑦

過去を振り返り、将来を見通す力

私自身は、できる限り自分のコンサルティングを大きな時間の流れと体系の中で位置づけながら行ってきたつもりだ。

この業界はこれまでこういうロジック体系で動いてきたけれど、これからは別のロジックで動くのではないかという大きいストーリーを作る。いわば、「ビッグ・ストーリー」を作ることを心がけている。

そうすることで、**コンサルティングはより深みと広がりが増し、大局観を持ったものになる。**つまりは説得力が増すのだ。

それにはまず、過去から現在の流れをしっかりと認識していなければならない。前に、ブルース・ヘンダーソンが10年先はわからないにしても、5年先はしっかりと予測しろと言った話があったと思う。

たしかにいまの時代、テクノロジーに関しては、10年先はなかなか予測しづらい。ただし、世の中全体の流れならばそれなりに掴むことはできる。

そのために、私は最低でも**30年は過去をさかのぼる必要がある**と考えている。

過去30年の世の中の動きや業界のデータを調べ、それをできる限りグラフ化するのだ。たとえば「売り上げ」と「収益率」の関係だとか、「収益率」と「店舗数」の関係だとか、過去30年を振り返ってデータを収集し、それをグラフにする。

すると明らかにグラフの形が変わる「**変曲点**」が出てくる。それが世の中や時代の変わり目だ。それを取っ掛かりにしてさらに調べると、世の中が大きく変わることが予測できたりする。

業界もその中の各企業も、過去・現在・未来という時間の流れの中で変化するものだ。大きな流れ＝「ビッグ・ストーリー」を提示することで、今後の進むべき道が自ずと見えてくる。

未来を知るためには過去を知ること。そして過去・現在・未来というビッグ・ストーリーの中で経営戦略を立てていくこと。それが一流のコンサルタントの仕事だと考えている。

この「ビッグ・ストーリー」の話と関係するのだけれど、**これからは日本の半導体事業が新しい展開を見せる**と考えている。皆さんもご存知のように、いま半導体は大変な価値のあるものになっている。

コンピュータは言うまでもなく、あらゆる民生用の機械が電子化されている。また、昨今はロシアとウクライナの戦争やイスラエル戦争など、きな臭い時代になってきているけれど、あらゆる兵器も半導体が使われている。

これからの時代、半導体を制する者が世界を制すると言ってもおかしくない。あるデータによると、2023年末時点の各国の半導体生産能力は韓国が22・2%、台湾が22・0%、中国が19・1%、日本が13・4%、米国が11・2%だという。

ご存じの方も多いと思うが、いまから約40年前までは日本が50%を超えてダントツだった。どうしてこんなに半導体が凋落したかと言うと、いろいろ理由はあるけれど、一番はアメリカが日本の独走にストップをかけるために、1986年に日米半導体協定を結び、半導体の価格の最低ラインを決めさせられたというのがある。

日本の半導体の最低価格が決められているのを尻目に、韓国、その後台湾が台頭し、いまやかつての日本の半導体産業は見る影もなくなってしまった。

ただし、その半導体製造でどうしても必要になるものの一つが**「超純水」と呼ばれる**

純度の高い水だ。50メートルのオリンピックプールの水に耳かき一杯未満の不純物しか溶け込んでいない水で、これを作れるのは世界中でも日本の4社だけと言われている。

純水だけじゃなく、半導体の製造装置と部品に関しても、日本が世界一なのだ。韓国や台湾はその素材や部品を使って半導体を組み立てることはできるけれど、そもそも日本の技術と素材、製品がなければ、半導体はできないということがポイントだ。つまり、台湾や韓国はアセンブラー、組み立て屋にすぎないことが多い。

さらに、2022年、政府が支援し、パナソニックやソニー、NTTやトヨタ自動車といった日本の大企業が一緒になって、国産の最先端半導体を製造する「Rapidus（ラピダス）」という会社が立ち上がった。

2023年9月からは千歳市の北海道工場が稼働を始めている。まだ世界で実用化されていない、回路の幅が2ナノメートル以下の世界一性能のいい半導体の量産化を目指しているが、私は成功するのではないかと考えている。

政府が本腰を入れていて、しかも先ほど言ったような基礎的な技術は日本が強いからだ。

あと、**半導体関連では、NTTの研究が面白い。**NTTが研究しているのは光半導体の技術だ。いま、半導体は電流で動いているが、それだとどうしても熱を持ってしまう。熱が発生するとその分半導体自体の性能が落ちてしまう。ところが光半導体は、光で情報をやり取りするので熱が出ない。

もしこの技術が実用化されたら、半導体の世界に大きな変革が起きることは間違いない。

いずれにしても、いまや世界の動きと流れを考える上で半導体は重要なポイントになっている。このような大きな動き＝「ビッグ・ストーリー」をどれだけ頭に入れて考えられるか？

変化の激しい時代だからこそ、これからのコンサルティングには必要になってくると思う。

堀紘一氏の話を受けて、
コンサルが結論仮説を「持つ場合」と
「持たない場合」の成果の違いについて、考えてみます。

コンサルが「結論仮説」を持つことの重要性とは？

津田久資

以前、堀さんと一緒にコンサルティングをしたときのこと。依頼を受けて初めてクライアントに赴く車の中で、堀さんが「**俺はもう結論が出ているよ**」とつぶやいたことがありました。

一瞬意味がよくわからなかったのですが、これから行うはずのコンサルティングの結論が、「すでに出ている」と言うのでした。

普通に考えたら、ありえないことだと思いませんか？

これからクライアントの話を聞き、調査したり、データを集める作業が始まるわけです。そこからいろいろと推論や再調査を重ねて、結論を導いていくのです。

ところが堀さんは、まだ実際にクライアントに会う前に、すでに結論が出ていると言うのですから。

私自身、ボストン コンサルティング グループ（ＢＣＧ）に入って驚いたことがあります。その無謀ともいえる仕事量の多さにです。

普通、担当する案件は、１人１社です。ところがＢＣＧの場合は、**平気で同時に2**

社を1人のコンサルタントに担当させていました。

1社だけでも膨大な情報や資料を集め、分析するのは大変なことです。それが2社同時並行となったら、もはや地獄のような忙しさです。

それによって、本来は辞めなくてもいいような優秀な人材の多くが、BCGを去って行ったことも事実です。

さすがに現在は、そんな無謀な仕事のさせ方はしていないようですが、昔は当たり前にあったことでした。


堀さんはそのBCGの草分け的な人で、長いこと勤め上げました。過酷な職場環境を生き抜いて、成果を上げ続けてきたわけです。

体力も知力ももちろんあったのでしょうが、何が違うかと言うと、**その圧倒的な仕事の早さです。**

時間のかかる情報収集がすぐに終わる理由

コンサルタントの仕事はクライアントの資料やデータ、聞き取り調査の記録を集めることから始まります。

その膨大な情報から、企業の問題点や課題をあぶり出し、それを解決する方法＝結論を導き出す。そして最終プレゼンで、それをわかりやすく説明する、という流れになります。

まず、最初の情報収集が大変な作業であり、一番時間がかかるところです。ところが堀さんは、**情報収集の時間が決定的に短い**のです。

「ダメなコンサルタントほどやたら情報収集したがるんだ」

これも堀さん自身が洩らした言葉です。普通の人なら何時間も、何十時間も時間がかかりそうな情報収集が、堀さんの手にかかるとその10分の1くらいの時間で終わってしまいます。

「いったい堀さんはいつ仕事をしているの？」

新米のコンサルタントがそんな堀さんを見るとびっくりします。

自分がヒーヒー言いながら、資料や情報を集めて分析しているのに、堀さんはサッと仕事を済ませて帰る。

それでいて最後には誰も真似できない完ぺきな最終プレゼンで、クライアントをすっかり魅了してしまう。

なぜそんなマジックのような芸当が可能なのか？

じつは**冒頭の言葉に、その秘密のすべてが隠されている**のです。

堀さんは最初の段階で、そのクライアントの何が問題で、どうすれば解決ができるかについて、すでに青写真ができているのです。

これを業界の専門的な言葉で言うと、「**結論仮説**」**ができている**と言います。

最初に仮説として、ここが問題に違いないという問題設定とその答えができているのです。

堀さんが1章で、日産のカルロス・ゴーンからの依頼を断った話をされていましたが、理由は売り上げを上げるイメージができなかった、こうしたらうまくいくという仮説を作れなかったと明かしています。

仮説が作れないまま見切り発車したら、情報収集のために膨大な時間を費やさなければならず、そして費やしたからといって何も出てこない可能性があることを瞬時に予測し、依頼を断ったわけです。

このことからも、事前に結論仮説をもつことがいかに重要であるかがわかると思います。

以下に、結論仮説ができていることのメリットを紹介しましょう。

結論仮説のメリット①

集める情報の対象を絞り込むことができる

たとえば「人材育成に問題があるはずだ」とか、「労務管理に問題があるに違いない」などと**問題が設定できれば、それを実証するような情報を集めればいい**ということになります。

つまり、集める情報の対象をグッと絞り込むことができるのです。

必要な情報が取れれば、あとは仮説の通りに問題を設定し、結論へと導いていくという作業になります。

すでに最初に自分の頭の中に描いていたことですから、ムダな時間をかけることなく仕事が完成するわけです。

では、この「結論仮説」がないと、どうなるでしょうか？

たとえば広い砂漠の中で油田を掘り当てるのに、とにかく**あてずっぽうに井戸を掘り始めたら、どれだけ時間と労力がかかるかわかりません。**

それがしかるべき情報とそこからの推論で、「このあたりに油田があるに違いない」とアタリが付けられたら、はるかに労力も時間も少なく油田を発見することができるはずです（図8参照）。

「とりあえず情報収集」していませんか？

にもかかわらず、実際は結論仮説を持たずに、「とりあえず情報収集から始める」人がとても多い

図8 「結論仮説」の有無と情報収集の関係

結論仮説がある場合
▼
それを実証する情報を集めればいい

結論仮説がない場合
▼
手当たり次第に情報を集めなければならない

と思います。かく言う私も、かつてはその典型的なパターンでした。

しかし、カリフォルニア大学バークレー校にMBA留学したときの体験で、私は認識を大いに改めることになりました。

バークレー校の授業では、日本的な講義形式ではなく、実在の企業を取り上げて、実際に起こったケーススタディについてのディスカッションが行われました。

はじめてのディスカッションのとき、私は思わず頭を抱えてしまいました。**「情報が少なすぎる」**と感じたからです。

「生花の宅配」というビジネスがケースとして取り上げられていたのですが、このビジネスにどれぐらいの市場規模があるのかさえ、記載されていなかったのです。

これしか情報がないのに、どうやって考えればいいのだ――。

途方に暮れた私はしかし、情報収集するしかないと考え、図書館で調べることにしました。

当時はまだインターネットもなかったので、集められた情報はごくわずかなものでしかなく、ほとんど有益と感じる情報は得られませんでした。

そしてディスカッションが始まると、私はひと言も話すことができませんでした。このとき私に求められていたのは、まず自分の頭で考えて、自分の結論仮説を持つことでした。

そしてその結論仮説に基づいて、仮説を検証するためにはどんな情報が必要かを考える。存在する情報については調べ、存在しない情報は仮説を立てる。ケーススタディはその訓練のためだったのです。

結論仮説のメリット②

集めた情報の優先順位を見極めることが早くできるようになる

結論仮説は、情報収集を早めるだけではありません。**集めた情報の何が重要で、何がどのように関係しあっているか？**　その優先順位と関係性を見極めることが早くできるようになります。

堀さんの解説の中で、グラフを作ることの大切さを強調されていたと思います。このグラフ1つ作るのも、膨大な情報から何をx軸に取り、何をy軸に取るか？　その取捨選択は大変な作業になります。

単純な組み合わせだけで、天文学的な組み合わせになるでしょう。

ここで結論仮説があれば、これとこれが相関関係があるに違いないと仮定することができます。

利益率と店舗数、利益率と店舗の大きさなど、ここに相関性があるとアタリがついているからこそ、**速やかに情報の取捨選択ができ、グラフを作ることができる**のです。

もしも全く結論仮説がなく、アタリもなければ、手当たり次第にx軸とy軸に数字を入れてグラフを描いてみるという、気の遠くなるような作業になってしまいます。

結論仮説があるのとないのとでは、このように情報収集から分析に至るまで、天と地の開きが生まれてくるというのがわかると思います。

いくら探しても情報が見つからないときは？

ちなみに、情報収集はコンサルにとって最も骨が折れる仕事の一つです。

結論仮説があれば収集する範囲をかなり絞り込むことができますが、それでも仮説を実証するために、それこそ駆けずり回って、資料を漁りまくって、有益な情報を探し出します。

しかし、いくら探してもこちらがほしい情報がない場合が結構あるのです。

たとえば**1日単位の売上データがほしいのに、1カ月単位のものしかなかったりします。**

クライアント側は1日単位のデータの必要性に気づいていないからうまくいってないわけですから、ムリもありません。

そうなると、現場で聞き取り調査をするか、ロジックを元にデータを推定するしかありません。

ですから、前章の本文にあったトイレットペーパーの問題のようなフェルミ推定の問いが、コンサルティングファームの面接において頻出するのです。

かつてBCGのミーティングにおいて、あるコンサルタントが「そこはデータがありませんので……」と発言したところ、上司に「だったらコンサルタントを辞めなさい」と言われたといいます。

それくらいコンサルティングにおいて情報収集は大切なのです。

結論仮説のメリット③

仮説が間違っていたとしても、それが正しくないことがわかっただけでも有効

結論仮説は、当然ながら必ずしも正しいとは限りません。アタリが外れてしまうこともあります。

ただし、**それが正しくないということがわかっただけでもプラスです。**速やかに、次の結論仮説を考えるという作業に移ることができるからです。

ビジネスはスピードが重要であるという観点からも、結論仮説を立てて情報収集し

た方が、成果が出やすいのです。

できれば最初に結論仮説を3つくらい持っているとさらに良いでしょう。1つが違っていても、すぐに次の結論仮説の検証に移ることができます。

要はそれが正しかろうが、間違っていようが、結論仮説があることで真の結論に至るまでの作業や時間が大きく短縮できるということです。

これくらい、コンサルティングにとって結論仮説の存在は大きいものであるにもかかわらず、**その重要性を認識しているコンサルティング会社は多くないと思います。**

いまやコンサルティング各社とも、市場シェアを争うべく過酷な競争の中にいます。抱えているコンサルタントを教育するということが、競争に勝つ上で大事なポイントになってくるはずです。

ところが、その肝心の教育で、結論仮説の重要性とその実践を説いていることをあまり耳にしません。

仮説を持っているかどうかを最初に聞いてみる

優秀で、仕事ができるコンサルタントは、まずこの結論仮説を考えようとする意思を持っています。

よいコンサルタントかそうでないかを見極めるには、**コンサルティングを引き受けた段階でどれだけ結論仮説を持っているかを確認するとよい**でしょう。

有無についての聞き方は難しいのですが、たとえば次のような質問を投げかけてみるのも手だと思います。

「簡単でいいのですが、今回のコンサルティングの最終提案の仮説のようなものがあれば、ぜひ聞かせてください」

「社長に一応報告しなければならないのでお伺いしますが、仮説的なものでもいいので、今回のプロジェクトの結論的なものがすでにあれば教えてもらえますか？」

「いきなりで恐縮なのですが、いまの段階でわが社における問題点として、どんなものがあると想像されていますか？　仮説的なもので構わないので教えて下さい」

このような質問を投げかけたとき、**即座に応えてくれるようなコンサルタントなら、見込みはある**と考えてよいでしょう。

「これから調査やデータを調べないと、まだはっきりしたことはわかりません」と逃げるようなコンサルタントは怪しいかもしれません。

その程度の仮説なら我々もわかっていた？

ただし、結論仮説を聞いただけで、「その程度のアイデアか」と判断するクライアントが少なくないため、**結論仮説を最初に披露することをためらうコンサルもいます。**

仮説だけなら、社内の人も「おそらくそこが問題ではないか」「だからそこをこうすれば改善するのではないか」とわかっていることもあるのです。

わかっていて、なぜそれが実行されなかったかというと、**社内において説得力がなかったから**です。説得するための情報が満足にそろっておらず、二の足を踏んでいたわけです。

コンサルタントの価値のひとつはここにあります。仮説を立てることで問題の所在や改善策を明確にして、それが正しいことを情報収集により実証する。それをもって社内を説得することも、コンサルの大きな価値なのです。

そこまでの価値をわかって、コンサルとつき合ってくれる会社ならば、コンサルも安心して最初に結論仮説を披露するでしょう。

とはいってもやはり、結論仮説そのものを実際に披露してもらうのは難しいでしょう。しかし、そこまでせずともコンサルの力を見極めることはできます。

彼らの**「ものの聞き方」に注目する**のです。

たとえば、社内の人に「Aですか、Bですか、それともCですか」と質問するコンサルは結論仮説を持っています。

こうした聞き方をクローズドクエスチョンといいますが、仮説があるから選択肢を立てられるのです。

一方、「どれぐらいですか？」とか「なぜですか？」というオープンクエスチョンの場合は、何も用意していない、考えていない可能性が高いといえるでしょう。

そんなときは、「あなたはどう思いますか？」と聞き返してみるのもいいかもしれません。

いずれにしても、結論仮説を持って臨むコンサルタントとそうでないコンサルタントでは、その仕事のスピードも内容も、天と地ほどの差があると言っても過言ではないのです。

第4章

Chapter 04

ひと目でコンサルの実力を見抜く方法

コンサルタントの力はどこで判断する？

ここまで、会社を変える力のあるコンサルティングとはどういうものか、優れたコンサルタントとはどんな能力をもつのかという視点で、いろいろとお話をしてきた。論理的思考力はもちろんのこと、結論仮説を立てる力、会社を伸ばす原石を探し出す力など、本質的な部分は理解してもらったと思う。

それを踏まえてこの章では、もう少しライトに、**コンサルタントの外見や行動のクセ、話し方などから彼らの実力を見抜く方法**を紹介してみたいと思う。

会ってすぐに相手の実力がわかれば、力がある場合はより深くつき合うことで結果が出やすくなるだろうし、見掛け倒しであれば傷が浅いうちに終わりにすることができる。

コンサルタントの実力を見抜くポイントは以下の7つだ。

見抜くポイント①　雑談ができて日常会話ができる
見抜くポイント②　聞き上手でインタビューができる
見抜くポイント③　食事やお酒などのつき合いが上手にできる
見抜くポイント④　フットワークが軽く、現場にもよく足を運ぶ
見抜くポイント⑤　上から目線ではなく、一緒に考える姿勢がある
見抜くポイント⑥　チームプレイができる
見抜くポイント⑦　リピート案件をたくさん抱えている

できるだけ多くのポイントに当てはまるコンサルタントを選びたいものだ。7つのポイントについて具体的に話していこうと思う。

コンサルの実力を見抜くポイント①

雑談ができて日常会話ができる

何度か述べてきたが、コンサルタントにはコミュニケーション能力が必要だ。どんなに頭脳優秀で、知識が豊富で理解力があっても、会話がスムーズにできなければコンサルタント失格だ。

コミュニケーションがうまくできなければ、情報収集もうまくできない。相手の気持ちを理解できないから、コンサルティングもつい独りよがりのものになりがちだ。

コミュニケーション能力を測るには、雑談をしてみれば一発でわかる。

日常の会話が自然体でできるかどうか？　相手の話に上手に相槌を打ち、適切な返しができるかどうか？　こんなことはコンサルタントである前に、イチ社会人として当たり前に磨かれていなければならない能力だ。

専門分野に特化した知識や情報はあっても、いわゆる**専門バカではコンサルタントは通用しない。**

コンサルティングとは学問ではないからだ。会社という組織は営利を目的としていて、ビジネスとは実社会での生々しい現実だ。一般常識や社会常識があり、世の中のこともよく知っていて、ある種のバランス感覚がなければコンサルタントは務まらないのだ。

ところが、バカと天才は紙一重という言葉があるように、知能指数が140も150もあるような人間には、ちょっと変わった人物が多いことも確かだ。東大やハーバードを最優秀で卒業したような人物の中には、そんな「変人」も確実にいる。それがそのままコンサルタントになった場合は少々面倒だ。

残念ながらそういう人物は、社会性が欠けていることが多く、コンサルタント会社の中でも浮いていたし、**顧客からも指名されるということがほとんどなかった。**

本人も、どうせ自分の言っていることなどわかってもらえなくてもいいという感じだった。

コンサルタントは優秀な頭脳を求められるが、かといって頭脳が傑出している人間は得てして社会常識に欠ける。コンサルとはつねにこのジレンマを抱えている職種なのだ。

コンサルの実力を見抜くポイント②

聞き上手でインタビューができる

コンサルタントの仕事は、**とにかくクライアントの話をよく聞くことから始まる。**

クライアントが今回の依頼で何を望んでいるのか、その意図と目的を理解しなければならない。

コンサルタントというと、社長や役員の前で滔々とプレゼンするイメージがあるから、ついつい「話す力」の方に目が行きがちだ。しかし、**それ以上に大切なのが「相手の話を聞く力」なのだ。**

腕のあるコンサルタントは、例外なく聞き上手である。コンサルは、相手の話を引き出す名インタビュアーでなければならない。相手が話しやすいように相槌を打ち、相手が強調したいと思って話しているときには、とくに強く反応してやる。

その上で、たとえば「先ほどのお話は、つまりはこういうことでしょうか？」などと、相手の話のポイントを要約したり、言い換えたりして確認する。

相手はしっかり自分の話を聞いてくれているな、よく理解してくれているなと感じて、安心したり嬉しくなるわけだ。すると、どんどんまた話をしてくれる。

インタビューする上で、**とくに重要になるのは「質問力」**だ。よい質問は、相手の話したいという欲求を刺激する。

経験の浅い駆け出しのコンサルタントが、「**どうしてもクライアントからふさわしい情報が取れない**」と嘆いていることがある。本人の質問力がないゆえだが、基本的な勉強不足であったり、結論仮説がないなど、**相手ではなく自分の問題**であることが多い。

そもそも的確に質問をするためには、まず相手からどんな情報を得たいかが明確になっていなければならない。その上で、相手のことや自分が質問したいことに関して、十分な知識や情報がなければならない。

もっと言うならば、「**結論仮説**」**があれば、質問力はさらに高いものになる。**

おそらくこの会社には、こんな課題や問題があるに違いないと仮定する。その結論仮説を検証するために、自ずと適切な質問が生まれてくるというわけだ。

コンサルタントの実力を見分けるには、相手の話を聞き、インタビューして情報を取れているか――つまり、「聞き上手」であるかどうかをチェックしてみるといい。

「話し上手」は口が巧ければある程度成立するが、聞き上手、質問上手はそうはいかない。誤魔化しようがないから、コンサルタントの実力がすぐにわかるだろう。

コンサルの実力を見抜くポイント③

食事やお酒などのつき合いが上手にできる

私はボストン コンサルティング グループ（ＢＣＧ）にいた頃から、クライアントはもちろん、さまざまな人たちと食事を一緒にしたり、お酒を飲んだりしてきた。食事やお酒をともにすることで、お互いを理解し合い、本音を言い合える関係を築いてきた。

コンサルにとって、こうしたつき合いは仕事をする上でとても重要だと考えている。

一般に、**アメリカのコンサルタントは、クライアントとディナーを食べる習慣がない。**朝か昼に一緒に食事しながら仕事の話をするが、夜の食事やお酒は一緒にしないのが普通だった。ディナーは帰宅して、家族と一緒にとる人が多いからだ。

対して日本は、夜に一緒にお酒を飲んで話をすることが多いと思う。日本人である私も〝夜派〟であり、当時のＢＣＧでは私ともう一人、ウィーンの事務所にやり手の女性のコンサルタントがいたが、この２人が〝両横綱〟とされていた。

両横綱はＢＣＧでの一種のコモンジョークになっていて、それだけ目立っていたということだろう。

朝・昼のアメリカ型がいいのか、夜の日本型がいいのかは一概に言えない。それは文化の違いそのものだから。

いずれにしてもオフィスを離れて、食事をしながらリラックスしてコミュニケーションを取るということはとても大切なことだ。

だからコンサルタントを雇ったら、**ランチでもディナーでも、あるいは軽く居酒屋で一杯でもいいから誘ってみることだ。**

なんだかんだ理由をつけて、誘いを断るコンサルタントはコンサルティングの本質を理解していないかもしれない。前述した「知識」を当てはめれば答えを導くことができると考えている、まがい物のコンサルの可能性が高い。

どんな食べ方をするかとか、店での立ち振る舞いや店員に対する態度から、その人柄や素の姿を知ることができる。

お酒を飲んでも乱れることなく、相手を気遣いながら、楽しく会話することができるコンサルタントなら、まずは合格だろう。社会性という点において、先ほどお話ししたような「変人」ではないことは確かだ。肩の力を抜いて一緒に食事をして、いろいろ会話をすることで、見えてくるものがあるはずだ。

コンサルの実力を見抜くポイント④

フットワークが軽く、現場にもよく足を運ぶ

実力のあるコンサルタントは、例外なくフットワークが軽い。興味や関心があるものがあると、すぐに足を運び、自分の目で確認しないと気が済まないのだ。それだけ好奇心が強いとも言えるかもしれない。

コンサルティングの現場においても、このフットワークの軽さはとても大切だ。

前に私は、**「会社の課題解決の答えは、会社の中に転がっている」**という話をした。そして答えを持っているのは、会社の上層部ではなく、現場の社員や周辺の業者の人たちが多いということもお話しした。

だから私は、時間があると現場に足を運んで雑談したり、出入り業者の人にも、仕事の邪魔にならない範囲で声をかけて話を聞いたりした。

そういうところから会社の問題点や改善点など、コンサルティングのヒントをもらったものだ。

だからコンサルタントが、**いつまでもお客様のように社長室や応接室などに引っ込んでいてはダメなのだ。**

コンサルタントがいつもどこにいて、どんな仕事をしているかをチェックしてみるといいだろう。

よく現場に行き、関連会社や出入り業者のところまで遠征に行っているような、フットワークの軽いコンサルタントは信用していい。

コンサルティング会社と社長室を行ったり来たりしているだけのコンサルタントは、まず成果を期待できないと考えていいと思う。

コンサルの実力を見抜くポイント⑤

上から目線ではなく、一緒に考える姿勢がある

前項で「解決の糸口は、社内に転がっている」という話をしたが、優れたコンサルタントはその原石をクライアントと一緒に探し出そうとする。原石はクライアントが持っているのだから、むしろ**クライアントから教えてもらおうとする意識が強い。**だから自然と態度は謙虚になる。

しかしダメなコンサルタントほど、「教えてやる」という姿勢になる。「上から目線」で偉そうに話すコンサルタントが少なくないが、彼らは答えは「自分が持っている」と勘違いしているのだ。「先生」のような振る舞いをしているコンサルは、信用できないと考えた方がいい。

同じコンサルタントではあるが、両者は「似て非なるもの」であるということを、ぜひ認識してほしい。

コンサルの実力を見抜くポイント⑥

チームプレーができる

ある程度の規模のクライアントに対しては、基本的にはコンサルタント数名が一つのチームとなってコンサルティングを行うことが多い。情報を収集するにも、プレゼンをするにも、それぞれが役割分担の中で動き、コンサルティングを遂行していく。

中心となるコンサルタント——BCGの場合であればマネージャーやプリンシパルと呼ばれる立場の人が、チームをしっかりとまとめて動かしているか。他のメンバーとうまく関係を保てているかどうかは、チェックポイントの一つになると思う。

どんなに優秀なコンサルタントでも、独りよがりのスタンドプレーで、チームをまとめるどころか1人浮いているような感じでは、成果は期待できない。

チームのコミュニケーションがうまくいっているかどうかは、注意深く観察していればわかると思う。**良いチームは何と言っても雰囲気が明るい。**メンバーが生き生きと仕事をしていれば、クライアントにも伝わってくる。そうなるとコンサルティングを受ける方も楽しくなるし、コンサルティングの効果はより高まるだろう。

逆にコミュニケーションがなく、暗く沈んでいるようなチームの場合は、期待しているような成果を得られないかもしれない。

コンサルの実力を見抜くポイント⑦

リピート案件をたくさん抱えている

コンサルタントの実力がひと目でわかる数字がある。

それは「**リピート率**」だ。コンサルタントを依頼する際、可能であればリピート率、あるいはリピートの回数を確認してみるといい。

「また頼みたい」と思ってくれたということは、コンサルタントとして何よりの評価であり、勲章だと思う。

最初はつき合いで頼んでくれたということもあるかもしれないが、肝心のコンサルティングがいま一つであれば、リピートはしてくれない。

コンサルタントのプロフィールに、たくさんの企業を担当したと書いてあっても、それが実力を証明しているとは限らない。**それらがすべて1回きりで、リピートがなければ要注意である。**1回やって、「もう結構です」と引導を渡されている可能性だってあるからだ。

有り難いことに、私自身はBCGの社長をやっている間、リピート率は86％という高い数字となった。時代がよかったというのもあるかもしれないが、それでも9割近い顧客にリピートしてもらったというのは誇ってよいと思う。
おかげでBCGの社長在任中に売り上げが4倍になったけれど、いまも秘かに誇りに思っている。

だから私は、若いコンサルタントたちに、「**1回でいい仕事をしたと思ってはダメだ。3回頼まれたときに初めて俺はいい仕事をしたと思うべきだ**」と言っていた。
2回まではもしかしたらお義理もあるかもしれないが、3回はない。3回頼んできたということは、正真正銘の評価であると考えられる。

コンサルの実力を測る際は、どんな会社を担当してきたかではなく、その会社にどれだけリピートされているかをチェックしてみるといい。

優れたコンサルタントはクライアントの半歩先を読む

堀紘一氏の話を受けて、
優れたコンサルの特性である
「先を読む力」について、考えてみます。

津田久資

堀さんが本書で何度もコンサルの「先を読む力」について言及されているように、クライアントはコンサルに対してこの力をとくに期待しています。

とはいえ、どれぐらい先まで読むかが重要であり、10年後、20年後の予測をもとに戦略を提案しても、クライアントに受け入れられることはまずありません。あまりにも先のことで、受け取る側の理解が及ばないからです。**むしろ、先を行き過ぎない提案ができたときに手ごたえがあることが多い。**

天才芸術家の感性がはるか時代の先を行っていたために、同時代の人たちにはなかなか理解されないということと、基本的には同じ構図です。

もっと目先のことを教えてほしい

ゴッホはまさにそんな芸術家で、生きている間はまったく周囲の理解が得られませんでしたが、いまやその作品は数十億円から百億円を超える値段が付いています。

芸術家なら死後の再評価はあり得ますが、残念ながらコンサルタントに死後の再評価は難しいと思います。

そんな先のことではなく、少なくとも自分たちが会社に在籍している間にどう改善するのか、**もっと目先のことを考えてほしいというのが企業の本音でしょう。**

コンサルタントが先走って、これは先見の明があるぞと思ってプレゼンしても、反応がいま一つというのはこういうことです。

コンサルタントは預言者ではありませんし、誰もその役割を求めていないということです。

時計のセイコーグループの創始者である服部金太郎の言葉に、「すべての商人は、世間より1歩先に進む必要がある。ただし、ただ1歩だけでよい。何歩も先に進みすぎると、世間とあまり離れて預言者になってしまう。商人が預言者になってしまってはいけない」というのがあります。

多くの人に理解されて、受け入れられるのは、1歩先までだということです。

コンサルティングの世界も同じで、**むしろ私は1歩先でもダメで、半歩先ぐらいが**

ちょうどいいと思っています。

よく、プレゼンをした後に、企業の担当者や経営者に「先ほどの津田さんの話は、私が密かにずっと考えていたことです」とか、「私が思っていたことをよくぞ形にしてくれました。スッキリしました！」などと言われることがあります。

つまり、私が発表したことはクライアントの人たちの中に影も形もない斬新なアイデアなのではなく、**潜在的にすでに彼らの中にあったものである**ということです。

ただし、それはぼんやりとしており、明確に説明できるようなものではなかった。それを私がコンサルティングを通して言語化することで、意識化されたということでしょう。

モヤモヤとしていたものが、形になることでスッキリするのです。

明確になっていないものを明確にする仕事

多くの人の中に潜在的にあるものを顕在化することは、コンサルティングに限らず、すべてのビジネスにおいて重要です。

ほとんどのヒット商品は、多くの人が「こんなものがあったらいいな」とか、「こんなものがほしい」と感じているものです。

ただし、**具体的にどんなものかというと、そこまで明確になってはいなかったりします。**これが潜在ニーズです。

潜在的なニーズを形にして顕在化するのは、そこに一種の飛躍が存在します。それがクリエイティビティということにつながってくると思います。

そのクリエイティビティは、まだ誰の潜在意識の中にも存在していないような、完全に新しいもの、変わったものではなかなか受け入れられません。

前述したように、5歩も6歩も先を行っていてはダメで、半歩からせいぜい1歩先のもの、すなわち多くの人の潜在意識や無意識の中で、**すでにおぼろげながらでも存在し、くすぶっているものを掴み出す必要がある**のです。

明確にするだけでは納得してもらえない

とはいえ、クライアントの頭の中に潜在的にあるアイデアを明確にするだけで、価値を感じてくれるクライアントは多くないのも事実です。

堀さんの話の中に、自動車会社における「部品表」の話がありましたが、では部品表が象徴する共通部品の必要性について、ホンダの社内で誰も意識していなかったかというと、そうではなかったのではないでしょうか。それこそぼんやりとはわかっていたはずです。

だから、**それをそのまま話したところで、コンサルタントの付加価値にはなりません。**「それはわかっていますけどね」と返されて、部品の見直しは実行されなかったでしょう。

だからこそ、堀さんは実際の車を分解してみせて、共通部品がどれぐらいコストダウンに貢献するかという情報収集を、クライアントと一緒にやったのではないかと思います。

力のあるコンサルタントは半歩先、1歩先を読み、相手の潜在意識の中にすでにあるものを言語化し、顕在化することができます。

まったく先が読めないというのは論外ですが、5歩も6歩も進んでいることをめざすようなコンサルタントは、実践では役に立たないといえるのです。

第５章

Chapter 05

コンサルタントとの賢いつき合い方

コンサルの力を引き出せるかは企業の態度次第

企業がコンサルを「どう選ぶか」も重要だが、選んだ後、「どうつき合うか」も非常に大事な要素である。つき合い方次第で、コンサルティングの成果は大きく違ってくるからだ。

何度も例に挙げているホンダは、日本の企業で初めて戦略コンサルタントを雇った会社だけあって、じつに**コンサルタントの扱い方もうまかった。**

あるとき、本社のトイレで当時営業の神様と言われていた人と鉢合わせになった。「いやぁ、5年後に業界がどうなっているかは想像できるが、10年後がわからない。だからキミを雇ったんだ」と言う。

なるほど、伸びる会社は違うと思った。**なぜなら5年先を見据えている人たちが経営しているのだから。**だから業界トップのトヨタは早い段階から、敵は日産ではなくホンダだと踏んでいた。まだホンダが業界5位だったときだが、それだけホンダは先進的だったわけだ。

いずれにしても、真剣に会社の将来を考えている人たちから、そのように期待されれば、こちらも本気になる。そしてそういう会社だからこそ、**コンサルタントの意見や提案を素直に受け入れてくれる。**

真逆だったのが、JAL（日本航空）だ。コンサルティングを引き受けた際に、「こんなことをしていたら倒産しますよ」と助言したら、会長や社長以下、役員連中がゲラゲラ笑って、「堀さん、うちが今期史上最高益になるのをご存じですか？」と言ってきた。「もちろんそれは知っていますよ。でも、あなた方がやっているのは、どう考えても非常識なことが多い」と返した。

たとえば当時JALのスチュワーデス――いまでいうキャビンアテンダントは全員日本人だった。彼女たちは社員だから給与が高い。もっと現地の人を採用したらどうか、他の航空会社はみんなやっていることですよと提案した。

だが、JALに言わせると、そんなことをしたらサービスの質が落ちてしまうからダメだと。でもそれは思い込みに近いもので、現地スタッフでもしっかりと教育すれば十分対応できるはずだ。

さらに、中央アジアのある国への便が極端な赤字路線なのに、廃止しようとしない。聞けば、その国の大使館から文句が来るからだという。顧客が一日に数人しかいないのに、毎日飛ばしていたのだ。

通常の企業経営の論理では通じないことをたくさんやっているのだが、自分たちの非常識に気がついていない。結局、その後JALは大変な赤字を抱えて経営破綻し、2010年に会社更生法を申請するに至ったことは知っての通りだ。


ホンダとJALの例を比べてもよくわかるのだが、**しっかりと将来を見据えている企業ほど、コンサルティングに対して真摯に向き合ってくれる。**逆に、ダメな会社はいくらコンサルタントが正論を唱えても、受け入れてくれない。

私自身のこれまでの経験でいうなら、コンサルタントは「使い方次第」ということだ。コンサルタントは決して万能ではないが、よい提案や意見は積極的に取り入れ、実際にそれを実行してみるべきだろう。ダメなら、また別の方法を考えてみればいい。

コンサルティングは、いわば**コンサルタントとクライアントである企業との合作**なのだ。どのようにコンサルタントと向き合うか？　この章では賢いコンサルタントとのつき合い方を解説していこう。

以下の６つをぜひ皆さんにも実践してほしいと思う。

賢いつき合い方①　戦略決定に参加する
賢いつき合い方②　経営者がリーダーシップを発揮する
賢いつき合い方③　無難なC案を選ばない
賢いつき合い方④　コンサルの提案を素直に受け入れる
賢いつき合い方⑤　コンサルタントのやる気を引き出す
賢いつき合い方⑥　コンサルタントに投資をする

一つずつ、見ていこう。

賢いつき合い方①

戦略決定に参加する

コンサルタントを雇ったから、あとは彼らに任せていればいいという姿勢では、よい結果は生まれない。**「一緒に考える」ことが大切**なのだ。

戦略策定に関わるとか、業務改善のために、自分たちはこう考えているとか、活発に意見を出して、一緒に議論する。

戦略決定に関わるには、**企業側も「結論仮説」を持っていることに越したことはない。**

結論仮説があることで、議論はより具体的で生産的なものになるはずだ。

コンサルタントに何とかしてもらおうという受け身の姿勢ではなく、自ら問題設定、問題解決を行う積極的な姿勢を求めたい。

議論に参加し、結論に至るまでの「考え方」を知っていれば、違った問題や課題が生じても対応することが可能だ。考え方を知らず、**ただ「答え」を知っただけでは、応用は利かない。**

結論に至った過程を知っているのと、知らないとではその後の取り組み方に大きな差が生まれるだろう。

賢いつき合い方②

経営者がリーダーシップを発揮する

企業が大きく変わるためには、経営者がリーダーシップを発揮する必要がある。最近はボトムアップも重視されるが、**わが身を切る覚悟がなければ改革などはできない。**それには、強いリーダーシップが不可欠だ。

ＪＡＬ（日本航空）の再生では、稲盛和夫さんという伝説的な人物がトップに立ったが、それくらいのレジェンドでなければ、あのような会社を再生することはできなかった。

私自身、コンサルティングをする中で、癖が強くリーダーシップの強いトップほど、成果も大きかったという実感がある。

ホンダの川本さんにしてもヒロセ電機の酒井社長にしても、ときにケンカ腰になるほどやりあった。逆に言うと、それくらい真剣に向き合えるトップは、自分の考えを持っていたし、リーダーシップも強かったと思う。

最初こそ対立しても、こちらの意図を理解し、いざ実践するとなったときの判断と実行のスピードは早い。

経営者のリーダーシップ如何で、コンサルの成果は決まるのである。

賢いつき合い方③

無難なC案を選ばない

せっかくコンサルタントを雇っても、彼らが提案したものを実行しなければ意味がない。私は最終プレゼンの前に、A案、B案、C案の3つを用意する。A案は企業変革のために最も有効な案だが、その分改革が必要で、痛みも伴う内容だ。それに対してC案は、企業側の痛みは少なく受け入れやすい案だ。しかし、その分効果は少ない。B案は、A案とC案の中間だ。

残念なことに、私の経験では**8割以上の企業が、最も無難で効果の薄いC案を選択する。**安くはないコンサルタント料を払ってC案を採用するならば、そもそもコンサルタントを雇う必要もないのではないかと思ってしまう。**そんな案なら、おそらく社内でも考えつくはずなのだ。**

数は少ないけれど、A案を採用してくれる企業もあった。それがホンダとかソニー、ヒロセ電機、カプコン、第一生命などだが、いずれもその後躍進している。

残念ながら多くの企業は、組織の論理の中で、結局は無難な案を採択し、思うような結果を出せていないのが現状だ。

コンサルタントを雇うのであれば、それなりの覚悟が必要だろう。

賢いつき合い方④

コンサルの提案を素直に受け入れる

コンサルタントに対して、**「キミたちに経営の何がわかる?」**というような懐疑的な姿勢を示す役員や社員などが必ずいる。

自分たちのやり方に誇りがあって、いまさらコンサルタントの意見など聞けないということもあるだろう。あるいは、以前にひどいコンサルティングを受けたせいで、コンサルに対する不信感を持つ場合もある。

しかし、最初から否定してかかる態度では、**せっかくいい案が出てきても素直に受け入れることはできないだろう。**

結果的には、大きな損をしてしまうことになるかもしれない。

虚心坦懐に、素直にコンサルタントの話に耳を傾けてほしいと思うことがしばしばある。その点ではユニ・チャームという会社はじつによくこちらの話を聞いてくれた。大いに効果が上がった例として、記憶に残っている。

最初に、社長の高原慶一朗さんから依頼を受けたのは、ペットフードの件だった。当時、同社の商品ラインナップは犬用が30種類、猫用が30種類もあった。そして、赤字が7億円もあった。

私が提案したのは、まず商品の種類を減らして犬用15種、猫用15種に絞ることだった。さらに支店も7つから東京、名古屋、大阪だけにする。**「選択」と「集中」だ。**

すると高原さんが呆れて、商品も半分、商圏も半分になったら2分の1×2分の1で4分の1になってしまう。そうすると、いまの売り上げ30億が7億になる。赤字の額と一緒じゃないかと。

私は反論した。「いや、現在のように商品も商圏も分散していてはダメだ」と。「もっと絞り込んで、販売する人も商品をよく理解した上で営業できるようにした方がいい。いまなんて商品が多すぎて、よくわからないまま売っている人も少なくないでしょう」と伝えたのだ。

最初こそ疑っていた高原さんだが、私たちの説明を聞いて、「よし、わかった」と言って、こちらの言うとおりにしてくれた。

すると6カ月たったら、売り上げがなんと倍増してしまった。言った通りの結果になったのだ。高原さんはそこから一気に、私たちのことを信用してくれるようになった。

次に任されたのが生理用品で、最後が本命商品のオムツのコンサルティングだった。一番の問題は、当時掛川に70億円を投じて作った製造機械が、すぐに不具合を起こしてストップしてしまうことだった。

実際に工場に行って見てきたが、確かに使い物にならない。そこで高原さんの故郷の四国に古い機械があったのを掛川まで持ってきて、新しい機械をやめて古い機械で生産をすることにした。

投資した新しい機械を捨てるわけだから、トップとしては思い切った決断だ。しかも古い機械を復活させるのだから、普通なら躊躇うだろう。ただし、これも高原さんは実行してくれた。するとすぐに利益率が改善したのだ。

そこで次の問題が、機械を購入した70億円の赤字だ。そのまま決済すると株価が下がり、転換社債の転換ができなくなる恐れが強かった。

「高原さん、品川に70億円の土地を持っていますよね。それを売って会社に寄付したらどうでしょうか」と提案した。

さすがに高原さんも「めちゃくちゃなことを言うなよ」と頭を抱えたけど、70億円の廃棄損失を出して株価が下がり、転換社債がダメになったらどうなるか?

「あなたが持っている財産のほとんどがユニ・チャームの株でしょう? 株価が一気に下がったらその損失の方がずっと大きい。私がちゃんと計算したから、どっちが得か損かはっきりご覧にいれましょう」

実際に数字を挙げて、70億の私財を投げた方がずっと得だと説得したら、これも高原さんは受け入れて実行してくれた。

そんなことがあって、その後ユニ・チャームの株は高騰して2倍、3倍どころか、いまや当時の何十倍にもなっている。高原さんから見たら、私などは実際のビジネスのことなどわからないただの若造だっただろうが、**受け入れがたい提案も腹を括って採用してくれた。**結果的に、それが現在のユニ・チャームにつながったと思う。

素直に受け入れてくれれば、コンサルティングの効果はとても大きなものになる。自慢や誇張ではなく、実際の話として強調したいと思う。

賢いつき合い方⑤

コンサルタントのやる気を引き出す

コンサルタントも人間だ。経営学の知識や情報、論理性を武器とするけれど、その前に人としての感情がある。

名経営者と呼ばれる人は、その「人」の部分に働きかけることが、とても上手だと思う。

「我々は刎頸の友だ。この会社を大きくしたのは一に俺だが、二にお前だ」

この言葉は先に紹介したヒロセ電機の当時の社長の酒井さんからもらったものだ。じつにありがたく、しびれる言葉だ。

酒井さんとはコンサルティングを通じて、本当に互いに信頼しあえる関係を築くことができたと思う。酒井さんは昭和9年生まれだから私よりもかなり年上だが、年齢を超えての信頼関係を結べた。こういう人とのつながりが、私のコンサルタントとしての財産でもある。

それにしても「刎頸の友」という言葉を使うところなど、酒井さんは本当に人の心を動かす名人だと思う。こんなふうに言われたら、意気に感じて四六時中その会社のことを考えてしまう。

犬の散歩をしているときも、風呂に入っているときも、どうしたらヒロセ電機が成長できるかを考える。すでに自分の中である程度の結論が出ていても、ほかにいい案はないだろうかと考え続ける。

逆に、ことあるごとに、**仕事にケチをつけたり、料金をまけろというような経営者の場合は、やはりこちらも人間だから、モチベーションが下がってしまう。**手を抜くわけではないが、気の乗り方が違ってくるのだ。

経験上、一流の経営者ほどケチなことは言わない。それによってこちらのモチベーションを削ぐくらいなら、気持ちよく仕事をしてもらった方が結果的に得だ。そのことをよく知っているのである。

賢いつき合い方⑥

コンサルタントに投資をする

コンサルタントを雇うというのは、一種の投資だと考えてほしい。**伸びる会社ほどしかるべきところにお金をかけて投資をする。**ダメな会社はそれができない。目先のお金のことばかり考えて、少しでも出すお金を絞ろうとする。その結果、その先の大きな利益を取り逃がしてしまう。

ホンダがヤマハとのし烈な競争――いわゆる「HY戦争」のとき、アメリカの市場でも同じように争った。一時分が悪くて、ヤマハに負けそうだというので、それをひっくり返すべく、私もアメリカに渡った。

当時の副社長が、5年先はわかるけど10年先がわからないと言った話は前にも触れた。具体的には4輪の自家用車がこれから先どう技術的に発展するか。その未来が知りたいというのだ。それを私に考えろと言う。

思わず、「そんなのわかるわけがないでしょう」と答えた。こちらは経営に関しては玄人だが、自動車そのものに関しては素人だ。

10年後の自動車業界がどうなっているか？　専門家のあなたたちでさえわからないのに、何で門外漢の自分がわかるだろうか？

当時のコンサル料金はおよそ6000万円で引き受けていた。いまのお金にしたらもっと高いだろう。それだけもらっておきながら、私は「わからない」と平気で答えていたわけだ。

その点、ホンダは立派で、**6000万円も払っているのだから何とかしろとも、わからないならコンサルティングの依頼をやめるとも言わず、**若造の私につき合ってくれた。「そう言わずに堀さん、何とか考えてみてよ」と言ってくれたわけだ。

結局、私が出した答えは「電子化だろう」と。それまでの自動車はエンジンなど機械工学が中心だった。ただし、これからはどんどん部品の電子化が進むだろうという話をした。

実際、自動車は半導体など電子部品の塊になっている。しかし、当時はまさにこれからという感じだった。そんな若造の意見をホンダは採り入れて、それまでの東大の機械工学科だけじゃなく、電機大とか理科大からの採用を増やした。

副社長曰く、「そこまで考えてくれるなら6000万円なんてじつに安いものだ」と。

うちはそもそも売り上げが何兆円もあるから、それが数パーセントでも伸びたら、じつに安いものだと言うわけだ。

要はコンサルティングを一つの投資対象として見ているから、自ずとそういう発言になったのだと思う。

だから、コンサルティングの料金が月に300万円などという会社があるのは、そもそもがおかしいのだ。私から見たら、コンサルティング料を投資として考えているのではない。たんなる材料費や人件費といった、**経費と同じに考えているからそんな値段が出てくる**のだと思う。

そのような考え方からはとうてい力のあるコンサルタントもつかないし、当然のごとく良い結果は生まれない。皆さんはどう考えるだろうか？

いい仕事ができるクライアントの条件

堀紘一氏の話を受けて、
コンサルと企業の
「共同作業」について、考えてみます。

津田久資

堀さんが言うように、コンサルティングは、コンサルタントとクライアントの共同作業であるということは、その通りだと思います。

コンサルタントがクライアントをないがしろにして突っ走ってもダメだし、クライアントがコンサルタントに任せきりでもうまく行きません。

互いに信頼関係を築き、一緒にプロジェクトを進める体制や空気ができたとき、会社を変えるコンサルティングが生まれる可能性が高まります。

コンサルがファシリテーターになるといい

私自身は堀さんのようなカリスマ性があるわけではありません。自分で引っ張っていくのではなく、**クライアントの企業の人たちにも参加してもらって、「一緒に考えよう」というスタイルを通しています。**

具体的に言うと、企業の人たちにプレゼンテーションをしてもらいます。会社の売り上げや利益率を上げるためにはどうするか？　シェアを拡大するためにはどうするべきか？

企業の人たちにまず考えてもらうわけです。

そのプレゼンを聞きながら、私は「ここはこう考える方がいいのでは？」とか、「なぜその考えにいたったのか？」、「いまの話は論旨が通っていないように思うけど、他の人たちはどう考える？」というように、質問したり話を振ったりするのです。

いわゆる**ファシリテーターとして、プレゼンの後の意見交換、議論を深めていく役割に徹する**のです。

私は以前、博報堂時代にマッキンゼーに派遣されるような形で、キリンのコンサルティングを手伝ったことがあります。そのときに、このようなクライアント参加型のやり方を学びました。

参加型にすることで、**クライアントが自分たちで考え、自分たちで答えを見つける**という最も大切なことを身につけてもらうことができると考えています。

議論を通して問題を発見し、解決していくことの面白さ、醍醐味を知ってもらうことはとても有益です。

しかし残念ながら、**多くのクライアントはその醍醐味を自ら放棄している**のが現状です。

中途半端に知識を身につけると、逆効果なことも

実際、コンサルタントにすべてをお任せするという姿勢の会社は少なくありません。お金を払ってコンサルタントに来てもらったのだから、何かためになる話が聞けるはずだとか、自分たちのわからない問題点を教えてくれるはずだというような、**完全受け身の姿勢です。**

そういう会社はおそらく普段から、自分たちで考えるという習慣がないのでしょう。

コンサルに対して、「ここが問題だからこういう方向に改善したい」などと、具体的に要望を伝えてくる人は驚くほど少ないです。

ある飲料メーカーに頼まれてコンサルに入った際も、ヒット商品に代わる新商品を

どうしたらいいか、というざっくりした依頼内容でした。

依頼がざっくりしていると、こちらのリアクションも同様にざっくりしたものにならざるを得なくなります。つまり、負の連鎖です。

考えることに関して企業の大小はあまり関係なく、大きな企業なのに驚くほど人任せの会社もあれば、小さいけれど社員一人ひとりが自分の頭で考える習慣がついている会社もあります。前者の会社に当たってしまった場合は、何を言っても打てど響かずで、苦労します。


別の意味で苦労するのが、勉強が好きな会社です。

たとえば、見込みがある社員をやたらとビジネススクールで学ばせたりする会社があります。言葉は悪いですが、とにかく何か学ばせることで、社員の能力がアップするという幻想に憑りつかれているのです。会社側としては「学ばせた」という事実で安心するのでしょう。

しかしビジネススクールもピンキリですから、下手なところに行くと、結論仮説を作る前に、「まずは大事な情報を集めましょう」という感じで教えています。

大事って、何にとって大事なのか？　もちろん、結論仮説を実証する上で大事な情報なのですが、それがないまま、情報を集めることが大事だと教えているのです。

堀さんも「できないコンサルほどすぐ情報収集したがる」と言っているように、ビジネススクールで誤った知識を身につけてしまうリスクもあるわけなのです。

こうして**中途半端に知識を身につけた人に限って、たちが悪かったりします。**

「生兵法は怪我のもと」という言葉を聞いたことがあると思います。中途半端なやり方は、かえって失敗してしまうという戒めですが、まさにこれと同じことが起きるのです。

「自分は勉強したんだ」という自信だけが大きくなって、**コンサルタントに対して対抗意識のようなものを燃やします。**

素直にこちらの言うことを聞いてくれません。

それどころか、重箱の隅を突つくような、本質とはかけ離れた指摘をして、全体の進行や理解を妨げるのです。

コンサルにはいくらでもケチをつけられる

そもそもコンサルの言うことに対して、ケチをつけようと思えばいくらでもつけることができます。

役員会などに出ると、「なぜ将来のことを断言できるのか」とか、「それでうまくいかなかった例は1つもないのか」など、初めから敵意むき出しにして否定してくる人がいます。

どれだけサンプルを集めても、足りないと言われればその通りですし、キリがありません。

仮説を実証するための情報をどれだけ集めても、将来の予測の話なので、**必要十分条件をすべて満たしているなんてことはあり得ない**のです。

こうなると、もはやコンサルティングの障害以外の何ものでもなくなります。

一番の問題は、**知識偏重の人物ほど、自分の頭でものを考えていない**ということです。

ものを考えているのであれば、頭の中にさまざまなアイデアが浮かんでいてもおかしくありません。そしてそのアイデアの信憑性にもある程度見当がついているでしょう。

そうであれば、ゼロかイチかという視点ではなく、シナリオAよりもBの方が信憑性は高いからもう少し詳細に詰めてみようとか、建設的な議論が生まれて、少しでも問題解決に近づくアプローチをするはずです。

知識はあるけれど、本質的なことを考える能力のない人が多い会社は、コンサルティングを行う上で一番やりにくい会社ということになるでしょう。

本来、知識は考えるための材料であるはずなのに、考えないための材料（知識）になっているわけです。

会議を見れば、会社のレベルがわかる

私は「会議」を見れば、会社のレベルがわかると考えています。そもそも「会議の場で考える」というと聞こえが良いですが、言い換えると多くの人は何も考えないで会議に臨んでいるということです。

資料を持参していても、実質手ぶらで参加しているようなものです。そういう会社はまずダメでしょう。

会議のテーマは最初からわかっているのですから、「会議がどんな内容になるか」「誰がどのような意見を言いそうか?」「どのような結論になるか?」など、頭を働かせればかなりの確度で推測できるはずです。極端な話、**会議をやる前に「会議録」を書いてしまうことだってできる**はずです。

このことは、前にお話しした「結論仮説」にもつながってきます。

成り行きで結論を出すのではなく、皆がそれぞれ考えてきた結論を出し合えば、議

論の質は高まり、結論の質も高いものになるでしょう。

こうした会社はコンサルタントとしてやりやすい会社というよりも、すでにコンサルタントを不要としている会社だと言い換えた方がいいかもしれません。つまり、このコンサルタントを不要とする会社こそが、コンサルタントをうまく使える会社だという逆説的な現実が確かにあるのです。

カバーデザイン
金澤浩二

本文デザイン・DTP
鳥越浩太郎

編集協力
本間大樹

［著者略歴］

堀紘一（ほり・こういち）

1945年兵庫県生まれ。東京大学法学部卒業後、読売新聞経済部を経て、73年から三菱商事に勤務。ハーバード・ビジネススクールでMBA with High Distinction(Baker Scholar)を日本人として初めて取得後、ボストン コンサルティング グループで経営戦略策定を支援。89年より同社代表取締役社長。2000年6月、ベンチャー企業のコンサルティングを行うドリームインキュベータを設立、代表取締役社長に就任。05年9月、同社を東証1部に上場させる。著書多数。

津田久資（つだ・ひさし）

東京大学法学部卒業。カリフォルニア大学バークレー校経営大学院修了（MBA）。博報堂、ボストン コンサルティング グループ、チューリッヒ保険などで、一貫して新商品開発、ブランディングを含むマーケティング戦略の立案・実行にあたる。現在はコンサルティング業務を行いながら大手企業などの研修において、論理思考・戦略思考の講座を多数担当。のべ1万人以上の指導実績を持つ。著書に『あの人はなぜ、東大卒に勝てるのか――論理思考のシンプルな本質』『新マーケティング原論』（ともにダイヤモンド社）など、共著に『ロジカル面接術』（ワック）などがある。

本物《ほんもの》のコンサルを選《えら》ぶ技術《ぎじゅつ》

2024年10月1日　初版発行

著　者　堀紘一／津田久資

発行者　小早川幸一郎

発　行　株式会社クロスメディア・パブリッシング
〒151-0051 東京都渋谷区千駄ヶ谷4-20-3 東栄神宮外苑ビル
https://www.cm-publishing.co.jp
◎本の内容に関するお問い合わせ先：TEL（03）5413-3140／FAX（03）5413-3141

発　売　株式会社インプレス
〒101-0051 東京都千代田区神田神保町一丁目105番地
◎乱丁本・落丁本などのお問い合わせ先：FAX（03）6837-5023
service@impress.co.jp
※古書店で購入されたものについてはお取り替えできません

印刷・製本　株式会社シナノ

ISBN978-4-295-41016-4　C2034